RELATION

DU

SIÉGE DE ZAATCHA

Paris. — Imprimerie COSSE et J. DUMAINE, rue Christine, 2.

INSURRECTION SURVENUE

DANS LE SUD DE LA PROVINCE DE CONSTANTINE

En 1849.

RELATION

DU

SIÉGE DE ZAATCHA

PAR

M. le Général HERBILLON,

Commandant la province de Constantine de 1848 à 1850.

PARIS,

LIBRAIRIE MILITAIRE,

J. DUMAINE, LIBRAIRE-ÉDITEUR DE L'EMPEREUR

30, RUE ET PASSAGE DAUPHINE, 30.

1863

INTRODUCTION.

L'expédition des Ziban, en 1849, dont le siége de Zaatcha fut le principal épisode, donna lieu dans le temps aux interprétations les plus erronées. Pour bien se rendre compte des difficultés de cette opération militaire, des sacrifices, du sang qu'elle nous a coûtés, il faut connaître le théâtre de l'insurrection, dont Zaatcha était le foyer, la nature toute particulière du terrain, l'esprit des populations des oasis; il faut se rappeler quelle était, à cette époque, la situation de l'Algérie tout entière, ébranlée par le contre-coup de 1848 ; enfin, on doit examiner la série des fatalités qui sont venues compliquer une révolte d'abord renfermée dans d'étroites limites, et qui l'ont fait s'étendre dans tout le sud de la province de Constantine.

Le général qui commandait la province de Constantine en 1849 et qui dirigeait cette expédition, a pensé que c'était à lui qu'il appartenait de faire connaître des faits pour la plupart ignorés; et si, dans le cours de son récit, il entre dans certains détails, c'est pour rendre toute leur valeur à des événements militaires peu ou mal connus, et pour rappeler la gloire de ses compagnons d'armes, officiers et soldats, qui ont donné, dans le siége de cette oasis saharienne, tant de preuves de patience et de dévouement.

INSURRECTION SURVENUE
DANS LE SUD DE LA PROVINCE DE CONSTANTINE
En 1849.

EXPÉDITION DES ZIBAN.

SIÉGE DE ZAATCHA.

CHAPITRE PREMIER.

Description du pays des Ziban. — Cercle de Biskra. — Plaines du Hodna et d'El-Outaïa. — Les oasis, leur aspect. — Les villages, les jardins, différentes manières de les arroser. — Le palmier, sa production. — Les nomades. — La température. — La population.

Le pays des Ziban est immense ; il s'étend depuis les frontières de Tunis à l'est, jusqu'aux plateaux des Ouled-Naïls à l'ouest. Au sud, il se rattache aux oasis de l'Oued-Rhir. C'est dans cette vaste région que s'élèvent les nombreuses oasis dont Biskra, avec ses cent mille palmiers, est le point principal et le chef-lieu d'un cercle ; chacune d'elles, vue de loin, semble surgir de terre en se détachant du sol par un massif de verdure sombre et monotone.

(*Planche I.*) Ce cercle renferme trois plaines bien distinctes, qui, situées à des hauteurs différentes au-dessus de la mer, présentent de grandes variations dans l'aspect du terrain.

La plus élevée est le Hodna; c'est en même temps celle qui se trouve le plus au nord; ses limites sont, à l'est, le grand massif de Metlili ; au sud, le Djebel-Amor et le Fouzna; au nord, le Bou-Thaleb et les montagnes du Bélezma; à l'ouest, elle s'étend au delà de Bouçada, sur le territoire de la province d'Alger. Vers le centre de cette plaine, se trouve le chott de Saïda (grand lac salé). La culture principale consiste en céréales; les quelques palmiers que l'on y trouve produisent des dattes, mais de qualité très-inférieure à celle des Ziban.

La plaine d'El-Outaïa, qui s'étend au sud-est du Hodna, sur le versant méridional de l'Auress, est soumise à des variations de température, entre l'été et l'hiver, beaucoup moins prononcées que dans le Hodna. On y cultive également le blé et l'orge. Le palmier y est productif.

(*Planche I.*) Ensuite viennent les Ziban, que l'on divise en Zab-Dahari (nord), Zab-Guebli (sud), Zab-Chergui (est); là se trouvent les oasis qui sont plus ou moins espacées, plus ou moins groupées, selon la quantité d'eau qui les alimente. Il existe entre elles des espaces vides qui sont occupés, soit par des sables, soit par une espèce d'herbe appelée *chiay*, dont se nourrissent les chameaux et les moutons. Quelques-unes, telles que Bouchagroun et Biskra, sont presque fermées au sud par des monticules de sable, qui, poussés par le vent, les envahissent journellement.

Toutes sont couvertes de jardins entourés de murs en pisé, solidement bâtis, formant par leur continuité une enceinte générale, qui embrasse toute l'oasis et en fait une sorte de place forte.

Au milieu de tous ces jardins, qui produisent le chanvre, le tabac, le piment, le henné, et où croissent des arbres fruitiers, se trouve le village dont les maisons, cachées par une forêt de dattiers, sont construites en briques de forte dimension, réunies entre elles par de la terre délayée. La partie supérieure est formée de troncs entiers de palmiers, qui supportent une terrasse.

(*Planche II.*) De loin, ces oasis, dont les intervalles vides et nus échappent à la vue, ont l'aspect d'une forêt immense que dominent des minarets. Tel est le Zab-Dahari avec ses deux cent quatre-vingt mille palmiers. Les chemins qui conduisent aux villages sont dès sentiers étroits, sinueux, véritables labyrinthes.

La richesse de ce pays, que le sable couvre en grande partie, c'est l'eau. Aussi les habitants en sont-ils très-avares, et c'est avec intelligence que la répartition en est faite aux propriétaires des jardins, selon la quantité de leurs dattiers ; elle est ménagée avec le plus grand soin et divisée entre tous, par le moyen de petits canaux d'irrigation alimentés par des sources.

Dans certaines oasis, telles qu'aux Ouled-Djellal, à Sidi-Kraled, ce sont des puits qui fournissent l'eau nécessaire à l'arrosement. Dans d'autres, l'eau étant abondante, les jardins sont disposés en trous-de-loup, de manière que les dattiers sont facilement arrosés.

Le Hodna, le Outaïa et le Zab-Chergui sont

fertilisés par les eaux qui descendent des hauts plateaux du Tell, des montagnes de l'Auress, de celles du Bélezma et du Bou-Thaleb, et qui s'écoulent ensuite vers les oasis, dont elles assurent la fécondité en grossissant le volume d'eau des sources.

Le palmier est l'arbre des oasis ; on en compte un grand nombre d'espèces. Cet arbre commence à donner des fruits à trois, cinq et six ans, selon le terrain ; mais ce n'est qu'au bout d'une vingtaine d'années qu'il est en plein rapport. Il est la principale production du pays, et ce sont les nomades qui, servant d'intermédiaires aux habitants des oasis pour l'écoulement de leurs denrées, colportent les dattes sur les marchés et les échangent contre du blé et des marchandises de toute nature. Ce colportage tend à s'affaiblir de jour en jour ; car depuis que l'administration française est établie dans le pays et qu'il y a sécurité sur les routes, les plus riches propriétaires se sont procuré des chameaux, des mulets, et vont eux-mêmes à Constantine, à Alger et autres lieux, pour y trafiquer de leurs produits.

La température de la région des oasis étant élevée, la vie que mènent les indigènes est celle des pays chauds : grande nonchalance, peu de travail, repos prolongé (1).

La population des oasis est nombreuse, surtout dans certaines localités, telles qu'aux Ouled-Djellal, Biskra, Sidi-Okba. Les habitants sont d'un caractère inquiet, remuant et enclin au fanatisme. Avant notre occupation, le pouvoir des beys a dû à diverses reprises user d'une grande sévérité pour réprimer des révoltes qui ont nécessité quelquefois l'emploi de forces assez imposantes.

(1) Température : 1845, 1846, 1847. Maximum, 42° à 44°. Minimum, janvier, de 8° à 9° ; février, 10° à 12° ; mars, 12° à 15° au-dessus de zéro.

CHAPITRE II.

Prise de possession des Ziban. — Le commandant de Saint-Germain. — Kabyles de Collo et du Zouagha. — Biskris d'Alger. — Tranquillité apparente des Ziban. — Bouzian se pose en chérif et prêche la guerre sainte. — M. Séroka, sous-lieutenant en mission dans le Zab. — Tentatives faites pour arrêter Bouzian. — Les habitants de Zaatcha s'opposent à son arrestation. — Bouzian, mis en relief, acquiert une grande influence. — Blocus établi pour isoler les oasis rebelles. — Le cheik El-Arab et les Daouda. — Insurrection dans les montagnes du Zouagha, de Collo, et dans le sud de la province.

Le commandant de la province prit possession de ce vaste pays des Ziban en 1844; mais ce ne fut que plusieurs mois après l'occupation définitive de Bathna, 24 juin même année, que Biskra, qui n'était qu'un poste avancé, devint le siége d'un cercle dont le commandement fut d'abord confié au chef de bataillon Thomas, des tirailleurs indigènes, et qui fut donné ensuite au commandant de Saint-Germain, officier supérieur d'un grand mérite, à qui l'on doit les bases de l'administration française dans les Ziban. Depuis cette époque jusqu'en 1849, la plus grande tranquillité n'avait cessé de régner dans cette partie du sud de la province de Constantine, lorsque les graves événements survenus en France (1848), transmis avec rapidité sur le littoral, furent colportés jusqu'aux dernières limites des Ziban, au milieu des nombreuses populations des oasis.

Au premier bruit de ce bouleversement politique, les Kabyles des montagnes de Collo s'en émurent et manifestèrent des intentions d'indépendance qu'ils mirent bientôt à exécution ; car, dans les premiers mois de 1849, ils descendirent dans la vallée du Salsaf, où ils inquiétèrent les colons déjà établis, ainsi que la route de Philippeville à Constantine, et menacèrent l'établissement des nouvelles colonies agricoles. Un de leurs chérifs, du nom de Jamina, suivi d'une foule de fanatiques et de gens sans aveu de toutes les tribus voisines, eut même la hardiesse d'aller se heurter contre le village d'El-Arouche, où sa bande fut mise en pleine déroute. A la même époque, les Kabyles du Zouagha, dépendant de la subdivision de Constantine, commencèrent les hostilités par des excursions sur les Azels du bas Rhummel (1), et ravagèrent les environs de Milah.

Ces mouvements hostiles, quoique réprimés et punis sévèrement, eurent un grand retentissement, et la révolte, qui probablement était dans l'air de la province de Constantine, sauta du nord au sud. Là elle trouva de l'aliment dans la haine des pouvoirs déchus, dans le caractère religieux des habitants et dans le fanatisme des marabouts, qui imprimèrent à la lutte une violence, une ténacité jusque-là sans exemple dans cette province.

Il ne s'était manifesté aucun symptôme précurseur de révolte dans les Ziban, avant que les nouvelles de nos dissensions politiques fussent parvenues aux populations; elles furent apportées par les Zibaniens, qui sont connus sous le nom de Biskris. Comme les Auvergnats, les Savoyards, les gens de ce pays se répandent dans les villes, où ils exercent différents mé-

(1) Terres appartenant au Gouvernement, affermées aux Arabes.

tiers. Après quelques années d'absence, ils reviennent chez eux avec le fruit de leurs épargnes. A Alger, où ils sont en grand nombre, ils avaient assisté à la proclamation de la République en 1848 : ils avaient été témoins des démonstrations publiques qui avaient accompagné ce changement dans la forme du Gouvernement; ils n'avaient pas pu se rendre compte du délire des Européens dans cette circonstance. Ils avaient compris qu'un profond dissentiment divisait les masses. De retour dans les oasis, ils avaient raconté, avec l'exagération orientale, toutes les scènes dont ils avaient été témoins, et donné comme certaine la chute du pouvoir militaire, remplacé par le pouvoir civil. Ils étaient en cela parfaitement d'accord avec les juifs de Constantine, qui étaient des émissaires dangereux, colporteurs de fausses nouvelles.

Ces récits, toujours exagérés, étaient accueillis avec avidité par les gens du Sahara, dont l'imagination ardente et contemplative était disposée à recevoir de vives impressions. Ces récits flattaient trop les sentiments de haine qu'ils nourrissaient contre des maîtres qui blessaient leur croyance, pour ne pas les exciter à voir dans ces événements la chute prochaine de la force, qui seule les maintenait sous le joug de notre domination.

Cependant, bien que les populations des oasis fussent travaillées par des bruits de toute sorte, qui caressaient leur penchant à la vengeance contre un pouvoir supporté, mais odieux, rien n'annonçait que l'on fût si près d'une révolte, même partielle ; et le caïd de Biskra, Si-Mohamed-Skrir, neveu du cheik El-Arab (1), qui, par ses relations avec tous les cheiks de son caïdat, aurait dû être averti du malaise qui y régnait, était dans l'ignorance la plus complète de l'esprit de ses administrés. Il y avait donc torpeur, insouciance ou participation tacite de la plus grande partie des chefs indigènes au drame qui se préparait.

Cette tranquillité, qui n'était qu'apparente, paraissait cependant d'autant plus réelle que de nombreux convois européens, arabes et kabyles, circulaient dans toutes les directions, et que les nomades, qui, pour la plupart, sont propriétaires dans les oasis, quittaient selon leur habitude séculaire le Sahara pour aller passer la saison d'été dans le Tell. Ces faits ostensibles et les

---

(1) Ben-Gunah était le cheik El-Arab.

rapports journaliers que le commandant de la province de Constantine recevait de la subdivision de Bathna, lui donnèrent donc une si grande confiance, qu'il n'hésita pas à utiliser les qualités militaires du commandant du cercle de Biskra, M. de Saint-Germain, en lui donnant le commandement d'un bataillon d'élite dans la colonne qui opérait, sous ses ordres, dans les montagnes de Collo.

Il ne fallut qu'un imposteur qui lança une étincelle de guerre sainte au milieu de toutes ces natures crédules, pour détruire ce calme et allumer un incendie dont le début, à Zaatcha, ne fut qu'une supercherie grossière dictée par le fanatisme; mais qui, par une série de fatalités, prit une si grande proportion, qu'il menaça de s'étendre dans toute la province.

Cet appel à la guerre sainte au sud, pendant que toutes les troupes étaient occupées au nord, fut un événement très-malheureux ; car on ne pouvait disposer d'aucune force militaire pour arrêter le mal, dès que les premiers symptômes parurent dans le Zab-Dahari ; il s'ensuivit que le retard forcé qui fut apporté dans la répression de ce commencement de révolte, eut des conséquences d'autant plus graves que les habitants du Ziban n'ayant point eu à souffrir des ravages de la guerre, n'en étaient que plus disposés à se laisser entraîner aux insinuations et prédications de leur ancien cheik Bouzian, qui, se disant inspiré, ne négligea rien pour attirer ses coreligionnaires dans ce mouvement insurrectionnel, dont il fut le premier moteur, et sa voix fut écoutée (1).

Pendant que le commandant de la province était à la tête des troupes pour réprimer les mouvements insurrectionnels des Kabyles du Zouagha et de Collo, M. le général de Salles, commandant la subdivision de Constantine, fut envoyé par M. le gouverneur général du côté de Bougie,

(1) Entre autres moyens employés par Bouzian pour exciter les habitants des oasis contre l'autorité française, il leur rappela : 1° une augmentation de 0,15c sur l'impôt du palmier, qui en portait le taux à 0,45c au lieu de 0,30c ; cet impôt était beaucoup moins onéreux que toutes les charges et corvées que les beys exigeaient ; les indigènes l'avaient payé sans protester ni se plaindre ; 2° la répartition de l'impôt, qui, en supprimant de grands abus, fit payer les contributions à un grand nombre de Koulouglis, de Turcs, de gens de religion, qui en étaient exempts. Ces questions d'impôt causèrent un peu de mécontentement ; mais ce ne fut pas, comme on l'a prétendu, écrit et publié, la principale cause de l'insurrection qui fermentait dans tous les esprits, et dont l'explosion est due à l'ébranlement causé par la révolution de 1848.

pour châtier les Béni-Séliman. Ce fut alors que Bouzian, homme énergique, ancien cheik du Zab-Duhari sous Abd-El-Kader, mécontent de n'avoir point été employé dans le maghzen (1), et nourrissant depuis longtemps des intentions de vengeance, crut que le moment était arrivé de mettre ses projets à exécution. Aussi, dès qu'il se fut assuré que les garnisons de Bathna, de Sétif, de Bône et de Constantine, étaient complétement dégarnies de troupes et que le général était éloigné du chef-lieu de son commandement, il se posa en chérif, en prédicateur de la guerre sainte.

Cet officier général était au camp de Beïnem, dans le Djebel-Zouagha, lorsque, le 23 mai, pour la première fois, il apprit, par lettre officielle, l'attitude qu'avait prise cet ancien cheik, et fut informé que M. Séroka, sous-lieutenant à la légion étrangère, adjoint au bureau arabe de Biskra, avait échoué dans la tentative qu'il avait faite à Zaatcha pour arrêter ce perturbateur.

(*Planche I.*) Ce jeune officier, d'une grande intelligence et prompt à prendre l'initiative, avait été envoyé en tournée. Il devait parcourir le Zab-

---

(1) Administration du gouvernement.

Guébli avec mission de s'assurer si, dans les oasis, il y avait quelques germes de troubles. Il se mit en route avec toute sécurité, ne se faisant accompagner que par six cavaliers de la Nouba (1) et deux spahis.

Dès le 16 mai, au matin, jour de son départ, M. Séroka écrivit au chef du bureau arabe de Biskra : « On parle d'un individu de Zaatcha qui « commence à se poser en chérif. Il tue, tous les « jours, des moutons, et en fait faire de grandes « distributions ; il affirme que le prophète lui « est apparu. »

Le soir du même jour, cet officier étant campé à Aumach, écrivait de nouveau : « L'on continue « de causer du chérif de Zaatcha. Ayant trouvé « ses gens incrédules, il leur a annoncé que la « véracité de l'apparition du prophète serait cer- « tifiée par quelques signes célestes. En effet, « pendant la nuit, Dieu, ou plutôt le prophète, « est venu serrer sa main, et sa main est demeu- « rée toute verte. » M. Séroka ajoutait : « C'est « ainsi que commencent tous les chérifs, ridi- « cules d'abord, puis sérieux. »

---

(1) Cavaliers employés par les officiers du bureau arabe.

Le 17, après avoir traversé le Zab-Guébli, il se dirigea sur Liouach, où il devait coucher. En approchant de cette oasis, il rencontra le cheik qui arrivait tout effaré et lui raconta que : « les « gens du village ne voulaient plus lui obéir, « qu'ils avaient montré peu d'empressement à « préparer la dhiffa, qu'ils prétendaient que les « choses allaient changer de face, que le gou- « vernement du pays allait revenir aux musul- « mans, etc. » M. Séroka se fit amener les deux plus mutins, les fit attacher et harangua les habitants, cherchant à détruire l'effet déjà produit par les paroles du faux chérif.

Le 18, cet officier, qui devait aller coucher à Bouchagroun, partit de Liouach étonné de ne pas recevoir d'instructions relativement à ce qui se passait à Zaatcha; espérant toujours une lettre de Biskra, il passa toute la journée à Tolga; il causa avec les grands du pays..... Il ne lui fut pas difficile de voir qu'il y avait du malaise dans les esprits. Plusieurs indices le démontraient, et ce qui s'était passé à Liouach les confirmait.

Ce jeune officier voyait donc un orage grandir à Zaatcha. Il avait pour mission d'arrêter les perturbateurs..., il ne devait pas hésiter. La facilité avec laquelle il avait emmené prisonniers les deux hommes de Liouach, lui donnait l'espoir d'arrêter Bouzian sans grande difficulté. Après avoir vainement attendu à Tolga, jusqu'à six heures du soir, des ordres sur ce qu'il avait à faire, il se décida à aller à Zaatcha. Afin d'être plus libre, il fit filer d'avance sur Bouchagroun son mulet de bagage et les deux prisonniers, sous l'escorte de deux cavaliers.

(*Planche II.*) En arrivant dans le village, il aperçut Bouzian seul sur la place ; il avait amené avec lui un mulet, il ordonna à l'ancien cheik de monter dessus et de le suivre immédiatement. Cet homme brisa son chapelet et se mit à en ramasser lentement les grains pour gagner du temps. M. Séroka, nullement dupe de cette ruse, donna l'ordre aux deux spahis de descendre de cheval et de le faire monter de suite sur le mulet; il commençait à s'y placer, lorsque les gens de Zaatcha se mirent à crier aux armes et fermèrent les portes du village. L'un des spahis y courut et tenta d'en forcer la serrure; alors le cheik Bou-Azouz, parent de Bouzian, se joignant aux rebelles, s'empara de son fusil et tira sur lui. Au même moment, Bouzian tirait un coup de pistolet sur le spahis qui voulait le maintenir sur le mulet et s'échappait. En un clin-d'œil, tous les habitants furent armés; ils firent feu sur M. Séroka et son escorte, à l'instant où, après avoir forcé la porte, ils sortaient des palmiers; personne heureusement ne fut atteint.

Échappé comme par miracle de cette espèce de guet-apens, cet officier se dirigea sur Bouchagroun, où, à son arrivée, il écrivit à Biskra ce qui venait de se passer à Zaatcha, en signalant en même temps les mauvaises dispositions qu'il avait remarquées chez les habitants du Zab-Dahari. Biskra se trouvait alors dégarni de troupes, comme les autres garnisons de la province, et était commandé provisoirement par le capitaine du génie Lagrenée, que l'annonce de cette rébellion surprit, et qui, n'ayant pas à sa disposition les moyens de la réprimer par une force imposante, agit avec prudence. Il envoya immédiatement le lieutenant Dubosquet, chef du bureau arabe, avec vingt spahis et trente cavaliers du goum à Zaatcha. Par cette démonstration, il avait lieu d'espérer que les habitants de ce village, qui jusqu'alors avaient été soumis et obéissants, réfléchiraient aux conséquences de leur action et viendraient demander l'aman.

Le lieutenant Dubosquet se rendit devant l'oasis de Zaatcha et se tenant, d'après les ordres qu'il avait reçus, hors de portée des balles, il envoya un serviteur du caïd et ensuite le caïd lui-même, pour engager les habitants à livrer l'auteur du désordre. Les Arabes qui venaient de clouer leur porte, répondirent : « Qu'ils avaient « déjà chassé *un officier du bureau arabe*, qu'ils « chasseraient également l'autre et qu'ils ne li- « vreraient pas Bouzian qu'on avait voulu déjà « leur enlever. » Ils furent appuyés dans leur refus par quelques gens de Tolga, de Farfar, de Lichana et de Bouchagroun, qui tirèrent de loin plusieurs coups de fusil sur l'escorte de leur caïd, dont ils avaient méconnu l'autorité.

Ces deux tentatives malheureusement infructueuses mirent Bouzian en relief, et l'influence que ses richesses, sa réputation comme guerrier, lui avaient acquise, s'accrut encore par le masque religieux qu'il prit en se posant en chériff. Ce rôle présenté comme une inspiration du ciel, ainsi qu'il a été dit plus haut, lui donna un grand prestige aux yeux des habitants du Zab-Dahari qu'il appela à la guerre sainte, en publiant que le Prophète lui avait apparu de nouveau et lui avait dit : « Le règne de l'impie est fini et celui « des vrais croyants va commencer. »

Cet acte de rébellion était un fait d'autant plus

grave, que, n'ayant pu être immédiatement réprimé, il était à craindre qu'il s'étendît d'abord à toutes les oasis du Zab-Dahari et qu'il gagnât ensuite celles du Zab-Guebli. Des dispositions furent donc prises pour qu'il restât concentré dans le groupe formé par Farfar, Zaatcha et Lichana. A cet effet, un blocus, qui devait priver les rebelles de toute communication extérieure, fut établi. Cette mission fut donnée au cheik El-Arab et à ses Daouda, qui, au moyen de leurs nombreux cavaliers, furent chargés de faire des patrouilles continuelles, d'intercepter les routes, en un mot, de les isoler. Cette mesure de répression aurait peut-être pu réussir, si ces cavaliers n'eussent pas profité de cette circonstance pour exercer quelques vengeances personnelles en arrêtant au loin des gens inoffensifs et en les mettant à contribution. Il y avait d'ailleurs trop de motifs d'intérêt, trop d'affinité entre eux et les habitants pour que cet isolement ne fût pas illusoire ; il y eut donc nécessité de les éloigner de ce service de surveillance, tout en laissant le cheik El-Arab agir selon l'opportunité pour ramener les rebelles dans le devoir, soit par la douceur, soit par quelques actes de sévérité habilement dirigés.

Cette liberté d'action laissée au cheik El-Arab

n'eut aucun résultat (1). Ce grand chef, sans énergie, rapace et se dégradant par des habitudes peu en harmonie avec la fierté et la sobriété arabes, n'avait aucune influence sur les siens ; il leur inspirait peu de confiance, et n'avait d'autre prestige que le grand nom qu'il portait. Cet homme si haut placé, qui, à Selsou, en 1840, sans le secours de baïonnettes françaises, avait battu complétement Ben-Azouz, kalifat de l'émir Abd-el-Kader, était devenu d'une nullité politique déplorable et ne fut d'aucune ressource dans la répression de l'insurrection des Ziban.

Ainsi, les mesures prises pour empêcher que le mal ne se propageât et sur lesquelles on comptait pour ramener les Arabes et gagner du temps, ne produisirent aucun effet sur eux. Ils ne virent dans les Daouda, mal dirigés, que des frères dont ils n'avaient rien à craindre, et, persuadés que nous étions dépourvus de moyens de répression, ils en devinrent plus hardis, plus entreprenants dans leur révolte que Bouzian encourageait par

(1) C'est de 1771 à 1791 que surgit la famille des Ben-Ganah dont un des membres, El-Hadji-ben-Ganah, fut nommé cheik El-Arab par Salah-Bey. De cette époque règne la rivalité des Ben-Ganah et des Ouled-Bouakas qui plusieurs fois ont cherché à ressaisir par les armes le pouvoir qu'ils avaient perdu.

ses paroles, en les excitant à porter chez leurs voisins du Hodna et du Zab-Guebli le feu de la guerre sainte.

Le commandant de la province parcourait les montagnes de Collo pour réprimer les mouvements insurrectionnels des Kabyles, lorsque le chef de la subdivision de Bathna en lui rendant compte de la situation politique du cercle de Biskra et du peu de résultat obtenu par l'espèce de blocus que l'on avait établi, témoignait de l'inquiétude sur le Hodna où quelques symptômes de révolte s'étaient manifestés, et il demandait avec instance que des troupes lui fussent envoyées. En ce moment, on ne pouvait obtempérer à sa demande sans commettre la plus grande imprudence, la colonne expéditionnaire n'étant point assez forte pour qu'il fût possible d'en distraire même un seul homme.

En effet, de ces deux insurrections qui éclatèrent presqu'en même temps, celle du Sud, quoique très-grave, n'entraînait pas avec elle les mêmes dangers que celle du Nord, où une grande partie des intérêts européens de la province étaient concentrés : car il fallait là une parfaite sécurité pour établir, sur le territoire arabe, les colons nouvellement débarqués, auxquels nous devions aide et protection pour la construction de leurs maisons, le défrichement des terres et la culture de leurs jardins. Il n'y avait donc d'autre parti à prendre que d'en finir avec les embarras du Nord et de s'occuper ensuite de ceux du Sud. Par conséquent, le manque de troupes forçant à remettre à une époque plus ou moins éloignée la répression des différentes oasis, il fut recommandé d'agir avec la plus grande prudence, afin de ne pas envenimer la situation déjà compromise du sud de la province.

Ces instructions furent suivies avec la plus grande exactitude par MM. les officiers du bureau arabe de Biskra, qui, dans ce moment difficile, firent preuve de zèle, de dévouement et d'un grand esprit de conciliation : seuls au milieu de populations inquiètes et de chefs indigènes, les uns d'une fidélité fort douteuse, les autres mal disposés pour nous, ils surent, par leur conduite ferme, réservée, et par une politique bien entendue, conserver le prestige de l'autorité française ; et s'ils n'ont pas arrêté l'insurrection, ils en ont du moins ralenti les progrès, ce qui pour le moment était de la plus grande importance.

CHAPITRE III.

Le commandant du cercle de Biskra reçoit l'ordre de se rendre à son poste. — Son avis sur le soulèvement du Sahara. — Dispositions hostiles des habitants des oasis. —Révolte des Ouled-Sahnoun contre leur Kralifat. — Combat de Oued-Bérika. — Mort du caïd des Ouled-Solthan. — La Smala du Kralifat se réfugie dans la maison du commandant. — Le Kralifat Si-Mokran. — Troupes envoyées pour châtier les Ouled-Sahnoun. — Le colonel Carbuccia les surprend à Metkouach. — Marche du colonel Carbuccia sur Zaatcha. — Attaque de Zaatcha.— Insuccès.— Fanatisme des habitants du village. — Conséquences de l'insuccès devant Zaatcha.—Esprit de révolte répandu dans les oasis.—Les montagnards de l'Auress se révoltent contre leur caïd. — Le marabout Abd-el-Afid. — Sa conduite. — Il se met à la tête des montagnards de l'Auress. — Sa marche sur Biskra. — Déroute des hordes conduites par Abd-el-Afid à Sérania. — Mort du commandant de Saint-Germain.

Il y avait un mois que le sud de la province de Constantine était agité, et que, par suite des mesures sages qui avaient été prises, l'insurrection était restée concentrée dans le Zab-Dahari, principalement à Lichana, Zaatcha et Farfar. On espérait donc avoir le temps de châtier les rébelles avant que le mal ne devînt plus grand ; aussi, l'expédition de la Kabylie étant terminée, des ordres furent donnés au commandant de Saint-Germain de se rendre à Biskra (1), où serait envoyé le nombre de troupes qu'il jugerait nécessaires pour rétablir la tranquillité du Sahara, si inopinément troublée.

Cet officier supérieur très au courant des affaires de son cercle, dont il connaissait parfaitement le personnel, pensait que le soulèvement du Sahara n'était pas grave, et que malgré les dispositions hostiles qui se manifestaient dans la région des oasis, il n'y avait aucune nécessité d'y envoyer une forte colonne. En effet, il fit connaître au général Herbillon que les relations entre les deux contrées, nord et sud, de la province étaient beaucoup plus suivies qu'on n'était porté à le croire (2), et que l'heureuse issue de

---

(1) Le chef de bataillon de Saint-Germain était avec M. le général Herbillon, commandant la province de Constantine, au camp de Beddaria (pays de Collo).

(2) Le chériff Jamina, qui était venu se heurter contre El-Arouche, était connu dans les Ziban ; il en était sorti en 1845, après

l'expédition de la Kabylie contribuerait à ramener les Ziban dans le devoir. Car, ce qui se faisait dans le Nord devait avoir considérablement d'influence sur le Sud, dont le soulèvement n'était point un fait isolé ; mais une ramification des mouvements insurrectionnels, qui avaient nécessité les opérations militaires, que l'on venait de faire dans les pays montagneux du Zouagha et de Collo. Par conséquent, l'insurrection de la montagne étant réprimée, celle du Sud perdait de sa gravité.

Malheureusement, les événements trompèrent ces prévisions. Le fanatisme religieux et l'esprit de révolte qui planaient sur toutes les populations zibaniennes et le souvenir que les habitants des oasis avaient conservé de leur résistance contre les beys, qu'ils avaient défiés derrière les murs de leurs jardins, les engagèrent à continuer la lutte commencée. Ils trouvèrent des auxiliaires chez leurs voisins, surtout dans le Hodna où campaient les Ouled-Sahnoun, grande fraction des Ouled-Déradje, qui, toujours disposés à embras-

---

avoir exercé longtemps la sorcellerie ; il y avait laissé une certaine réputation de sainteté et correspondait avec Bouzian.

ser le parti du désordre, saisirent cette occasion pour se livrer à leur penchant.

Les Ouled-Sahnoun sont turbulents, coupeurs de route ; ils s'approvisionnent de dattes et vendent leurs grains dans le Zab ; et comme leur amitié est nécessaire aux gens des oasis, qui font continuellement le voyage d'Alger, et traversent forcément le Hodna, il existe donc des rapports fréquents entre eux et le Zab-Dahari, par suite de transactions commerciales. Aussi, pressés par les émissaires de Bouzian et par le désir de secouer toute organisation, qui tend à les maintenir dans l'ordre, ils se soulevèrent en masse contre leur Kralifat.

Ce fut quelques jours après la dissolution de la colonne, qui avait opéré avec le plus grand succès dans les montagnes du nord de la province, que le commandant de la subdivision de Bathna annonça au général commandant la province que les Ouled-Sahnoun s'étaient révoltés, et qu'au nombre de 800 cavaliers et de 400 fantassins ils s'étaient rués sur la Smala du kralifat Si-Mokran, qu'ils avaient failli enlever, malgré les contingents des tribus voisines, entre autres celui du caïd des Ouled-Solthan, Si-

Amran-ben-Djenan, qui étaient venus à son secours.

(*Planche* I.) Cette incursion sur la smala du kralifat donna lieu à un véritable combat. Cette smala était campée à Oued-Bérika, à peu de distance de la maison de commandement, qui était en voie de construction. Les tourelles non achevées étaient occupées par un détachement de la légion étrangère, qui y avait été envoyé pour protéger les travaux. Le kralifat, se fiant peu à la fidélité des siens, laissa les Ouled-Sahnoun avancer jusqu'à un kilomètre des remparts du bordj; mais, oubliant que sa force principale était dans les feux de notre infanterie, il donna l'ordre de charger. A cette injonction, Si-Hamed, son fils aîné, brave et brillant cavalier, se mettant immédiatement à la tête de tous les goums et serviteurs de son père, se précipita sur les Ouled-Sahnoun qui, n'ayant pu résister à ce choc violent, commençaient à battre en retraite, lorsqu'une balle vint frapper le jeune Si-Hamed (1) en pleine poitrine et que deux de ses serviteurs tombèrent à ses côtés.

(1) Il dut la vie à un de ses serviteurs qui le prit en croupe et le ramena à la Smala.

Le combat changea alors de face, tous les cavaliers du kralifat tournèrent bride, et le caïd des Ouled-Solthan, homme d'un grand cœur, s'étant jeté au milieu des fuyards pour les rallier, fut tué roide d'un coup de feu. La déroute devint complète, tous s'enfuirent vers la redoute vivement poursuivis par les rebelles, qui espéraient y entrer pêle-mêle avec eux. Mais, arrivés à cent mètres, ils furent brusquement arrêtés par une décharge faite à propos par le détachement de la légion étrangère, qui leur tua une vingtaine d'hommes. Les Ouled-Sahnoun, stupéfiés en voyant tomber les leurs, se retirèrent, et, s'étant répandus dans la campagne, ils coupèrent l'eau de l'Oued-Bérika, rompirent les digues et les barrages, mirent le feu aux moulins et aux magnifiques moissons qui allaient être dépiquées, et enlevèrent les nombreux troupeaux des tribus restées fidèles.

Dès le commencement du combat, la famille de Si-Mokran, les enfants, les femmes et les vieillards de la smala s'étaient réfugiés dans la maison de commandement, avec leur butin le plus précieux.

Ce soulèvement des Ouled-Sahnoun ne ressemblait en rien aux nombreuses agitations habituelles du Hodna, qui étaient généralement causées par des querelles d'intérêt de tribu à tribu, que le kralifat ne pouvait souvent apaiser que par notre intervention. Mais ce qui venait d'arriver était une prise d'armes préméditée, appuyée par les nombreux mécontents des tribus voisines et dont le kralifat avait été prévenu assez à temps pour avoir pu appeler près de lui des renforts fournis par des tribus étrangères à son commandement. On ne pouvait donc plus douter que l'esprit de révolte se glissât au milieu des populations du Hodna, et que la force seule fût capable d'en arrêter les effets.

Quant au kralifat Si-Mokran, il y avait peu à espérer de son concours. Ce chef avait été investi du commandement du Hodna en 1844. Issu de famille de marabouts, il n'était point homme de guerre, par conséquent peu apprécié des Arabes de grandes tentes, parmi lesquels il n'avait pas su se faire des partisans, et dont il s'était même attiré l'animosité par son avarice et sa vie peu morale. Tous les ans, des colonnes plus ou moins fortes étaient envoyées pour consolider son autorité, et une maison de commandement venait d'être construite à Oued-Bérika où il s'était établi avec sa famille.

Cet appui ostensible de notre part portait à croire qu'il ferait tous ses efforts pour gagner la confiance et l'affection de ses administrés; mais il ne le comprit pas; cédant à son naturel, il agit avec partialité dans la répartition des terres de labour; il ne craignit même pas de commettre des actes arbitraires qui lui aliénèrent totalement tous les partis, grands et petits. Aussi, quand arriva le moment de mettre leur dévouement à l'épreuve, il douta de leur fidélité, appela des étrangers près de lui, et, malgré tout ce que purent faire son fils Si-Hamed et le brave caïd des Ouled-Solthan (1), il fut abandonné et ne dut son salut qu'à un faible détachement de la légion étrangère.

Cette avalanche de rebelles tombant sur la smala du kralifat, la mort de plusieurs de nos chefs, le pillage des silos, l'incendie des moissons, étaient des faits beaucoup trop graves pour les laisser impunis; et le moindre retard dans le châtiment pouvait entraîner la révolte du Bou-Thaleb et du Bélezma. Des troupes partant de

---

(1) Le caïd des O-Solthan, qui fut tué en voulant rallier les fuyards, était venu se mettre généreusement à la disposition du kralifat Si-Mokran.

Constantine furent donc immédiatement dirigées sur Bathna et Biskra ; ces troupes réunies à celles venant de Sétif devaient former une colonne de 1,800 à 2,000 hommes, effectif demandé par le colonel Carbuccia qui avait l'ordre d'en prendre le commandement. Cet officier avait pour mission de marcher d'abord sur la tribu rebelle ; puis, cette opération terminée, de se rendre à Zaatcha pour détruire, si toutefois il y avait possibilité, le foyer des mouvements hostiles qui se propageaient dans le sud de la province.

(*Planche I.*) Aussitôt que les troupes furent réunies, le colonel Carbuccia se mit à leur tête et se rendit dans le Hodna, où, étant arrivé, il apprit par ses coureurs que les Ouled-Sahnoun, après le combat de l'Oued-Bérika, étaient revenus camper à Metkouak avec leurs tentes et leurs bestiaux. Le colonel marcha toute la nuit, et, le 9 juillet, avant le jour, il tomba comme la foudre au milieu des tentes de cette grande tribu qui, surprise, fut mise dans un désordre affreux. Des femmes, des enfants et des vieillards furent tués ou étouffés par eux-mêmes dans leur fuite précipitée; plusieurs se noyèrent dans le Chott, en voulant le traverser. 2,000 chameaux, 12,000

3

moutons et un butin considérable restèrent dans nos mains. Les Ouled-Sahnoun, gens très-redoutés de leurs voisins, reçurent, en cette occasion, une terrible leçon ; dispersés et appauvris, ils furent très-longtemps à se remettre de ce coup hardiment frappé.

Cette tribu sévèrement châtiée et la tranquillité rétablie pour le moment dans le Hodna, le colonel Carbuccia, sans perdre de temps et malgré une chaleur excessive, se dirigea sur Zaatcha. Il pensait, d'après les renseignements donnés par les Arabes qui l'entouraient, que la vue de la colonne, quelques palmiers abattus et une vive canonnade modifieraient singulièrement les dispositions guerrières des rebelles. Cet officier, d'ailleurs, ne doutait nullement du succès : car aux instructions qui lui furent données de recevoir pour le moment toutes les soumissions plus ou moins sincères qui lui seraient offertes et d'accorder largement l'aman plutôt que de s'exposer à un échec, il répondit, à la date du 14 juillet : « Que toutes les précautions étaient « prises pour éviter des pertes douloureuses, « qu'il n'y avait à traiter avec le Zab-Dahari « qu'à merci et sans condition.....; que force « nous resterait et qu'on se souviendrait, dans

« deux cents ans, des terribles effets de notre « vengeance. » Cette lettre fut remise au général Herbillon lorsque la colonne était déjà devant Zaatcha, où elle était parvenue le 16, au matin.

(*Planche II.*) Le colonel était à peine arrivé devant la face nord des oasis du Zab-Dahari, qu'il apprit qu'elles étaient généralement mal disposées, que la veille, dans une grande réunion de Tolbas, de marabouts et de grands, la guerre sainte avait été résolue, et que de nombreux contingents devaient arriver la nuit suivante à Zaatcha, dont les habitants, tous armés, ayant à leur tête Bouzian, se tenaient sur la lisière de leur oasis. Ces nouvelles plus ou moins fondées et l'attitude des indigènes (1), ne laissèrent au colonel aucun doute sur sa position qui, d'un instant à l'autre, pouvait être compromise. En ce moment critique, cet officier supérieur comptant sur le prestige de nos armes, sur l'enthousiasme qui animait les troupes et sur la valeur des officiers, crut que le meilleur moyen de s'en tirer était une attaque de vive force, une retraite sans combattre n'étant pas sans dangers.

---

(1) Les troupes ayant été mises à l'abri de la chaleur au milieu des jardins de Tarfar, il y eut un engagement entre elles et les rebelles.

Cette décision une fois prise, il n'y avait pas de temps à perdre, car il fallait agir avant que les contingents n'arrivassent à Zaatcha qui, pour le moment, n'avait encore pour défenseurs que ses habitants, ceux de Lichana et une fraction de ceux de Farfar. Le colonel forma donc de suite deux colonnes d'attaque composées, l'une du bataillon d'Afrique et l'autre de la légion étrangère : il donna le commandement de la première au commandant Lenoir, et celui de la seconde au chef de bataillon de Saint-Germain. Ces deux vigoureux officiers se mirent à la tête de leurs troupes, les enlevèrent et franchirent au pas de course à travers des chemins sinueux et étroits la distance de la Zaouia au village, où ils arrivèrent presqu'en même temps, par deux points opposés, Nord et Sud. Là ils furent reçus par une fusillade des plus vives, faite à bout portant par un ennemi invisible, et ils furent arrêtés par des obstacles qu'ils ne purent franchir, quoiqu'on les eût présentés comme pouvant être surmontés par une attaque vigoureuse. Après plusieurs efforts et essais infructueux, force fut de battre en retraite. Les deux colonnes se retirèrent sans être inquiétées en emportant les morts et les blessés (32 tués, 115 blessés).

Cette affaire malheureuse n'en fit pas moins

le plus grand honneur aux troupes, qui furent d'autant plus admirables d'élan, de courage et de résignation, qu'elles eurent à supporter une température très-élevée. Dans cette lutte pleine de dangers, où tous les officiers donnèrent un grand exemple de bravoure, les chefs de bataillon Lenoir et de Saint-Germain, le capitaine adjudant-major à la légion étrangère Bataille, le capitaine du génie Lagrenée et le sous-lieutenant Séroka se distinguèrent.

Les rebelles, de leur côté, excités par les exhortations de Bouzian s'étaient vaillamment défendus et avaient fait aussi des pertes sensibles. Le fanatisme était porté chez eux à un tel degré que leurs femmes, au lieu de pousser des cris de douleur, de se déchirer la figure et de se couvrir de cendre en signe de deuil, suivant la coutume des Arabes, se revêtirent de leurs plus beaux vêtements, pour assister à l'inhumation des martyrs de la guerre sainte : démonstration qui était bien l'indice du caractère religieux qu'avait déjà pris cette guerre des oasis.

Cet échec donna aux habitants du Zab-Dahari une force morale d'autant plus grande qu'il confirmait la réputation qu'avait Zaatcha d'être imprenable. Ce village devait sa renommée au siége qu'il avait soutenu en 1831, contre le bey Akmet de Constantine ; ce chef, à la tête de son infanterie turque et de nombreux contingents, était venu dans le Zab pour réprimer les tribus arabes des Ahl-ben-Ali et des Gamras partisans de Férat-ben-Saïd, qui s'étaient renfermés dans Zaatcha (1).

Le bey, après les avoir poursuivis, les avoir chassés des jardins, se décida à l'attaque de Zaatcha, qui eut lieu par les mêmes chemins que celle du colonel Carbuccia ; elle fut conduite avec beaucoup de vigueur; mais, ses troupes ayant été arrêtées par un feu terrible et par un large et profond fossé qui ne put être franchi, malgré l'énergie des Turcs et le dévouement des artilleurs ; il fut forcé, en voyant tous ses efforts inutiles, d'ordonner la retraite. Il avait eu six cents hommes mis hors de combat (2).

---

(1) Après la prise d'Alger, Braham-el-Garitli, l'ancien bey de Constantine, qui avait été destitué par Hassein-Pacha, se présenta, en 1831, à Bone comme nommé bey par les Français. Le bey Akmet marcha contre lui. Férat-ben-Saïd de la famille d'Ouled-Bouakas, rivale de celle des Ben-Ganah prit le parti du premier et Mohamed-ben-Ganah celui d'Akmet, et ce fut après quelques combats que les contingents de Férat-ben-Saïd s'enfuirent à Zaatcha où ils résistèrent.

(2) Bouzian établit dans cette journée sa réputation de bon tireur.

Ces deux attaques et ces deux défaites avaient été presque en tout point semblables. Mais les suites ne furent pas les mêmes. Le bey frémissant de rage se retira à Constantine, laissant le cheik-el-Arab Mohamed-el-Hadje se débrouiller avec les rebelles ; ce qu'il fit tant bien que mal. Quant à la retraite de nos troupes, les conséquences en furent graves : car du moment qu'elles eurent quitté le théâtre de la lutte, où même après leur défaite elles imposaient aux faibles et aux incertains, le mal empira et l'insurrection des oasis franchit les limites entre lesquelles on l'avait concentrée.

Le Zab-Dahari se déclara tout entier contre nous ; les manifestations du Zab-Guébli furent telles que l'on ne pouvait plus compter, non-seulement sur leur coopération, mais même sur la neutralité des habitants. Les Ouled-Naïls en se jetant dans le mouvement entraînèrent les oasis de Sidi-Kraled et des Ouled-Djellal ; et Si-Moctar, le marabout, qui, en 1846, avait suivi le parti de Bou-Maza, prêcha la guerre sainte et convoqua les Ouled-Sassi, grande tribu Saharienne, qui répondirent à son appel. Si-Moctar s'entendit avec Bouzian, dont le zèle de propagande était devenu plus actif que jamais, et tous deux formèrent le projet de venir attaquer Biskra.

L'Auress d'où Bouzian et son parent Bou-Azouz, cheik de Zaatcha, étaient originaires, commença à être agité par leurs émissaires. Enfin, on n'était pas sans inquiétude sur l'esprit des habitants de l'oasis de Biskra, dont le plus grand village (M'cidd) était entièrement hostile (1).

Ces déplorables dispositions chez les habitants des oasis nous auraient beaucoup moins étonnés, si nous nous fussions rappelé que la révolte y avait été permanente sous la domination des Turcs et sa répression toujours un embarras pour le bey (2). Mais généralement confiants, nous avions beaucoup trop compté sur la tranquillité de ces populations, surtout au début d'une occupation. Aussi, au premier souffle de haine et de vengeance lancé au milieu d'elles, elles avaient

---

(1) Ce fut dans le 16e siècle que Biskra échappa pour toujours à la domination de Tunis. Cette ville, d'après les relations de plusieurs voyageurs, aurait été considérable ; elle était entourée d'un fossé. Les Turcs, pour assurer leur domination, forcèrent les indigènes à abandonner la ville, qui fut remplacée par six villages qui existent aujourd'hui.

(2) Les traces de quelques oasis, détruites par les guerres, attestent quels furent les moyens extrêmes qu'employèrent les Turcs pour dompter l'esprit de révolte des populations.

repris leur caractère d'hostilité envers le pouvoir.

Tous ces mouvements insurrectionnels pouvant s'étendre au point de compromettre non-seulement la subdivision de Bathna, mais toute la province de Constantine, le général Herbillon dut prendre les ordres de M. le gouverneur général, et lui demander un renfort de troupes, pour rétablir la paix et l'ordre dans le Sud, si fatalement bouleversé. Comme on était au milieu des grandes chaleurs et qu'il eût été imprudent d'opérer sous une température aussi élevée que celle qui pèse alors sur le Sahara, les opérations militaires furent remises à l'automne. Les Arabes ne virent dans ce retard que l'impossibilité de marcher contre eux ; ils devinrent donc plus audacieux et l'insurrection gagna le cercle de Bathna.

Les montagnards de l'Auress qui font partie de ce cercle, quoique d'une soumission fort douteuse et bien qu'ils fussent travaillés par les lettres incessantes et les émissaires de Bouzian, n'avaient encore donné aucun signe ostensible de révolte, lorsque Akmet-ben-Djoudi, ancien cheik des Ouled-Zian, secondant admirablement les projets de cet imposteur, se mit à parcourir la longue vallée de l'Oued-Abdi, excitant les habitants à prendre les armes. Ses discours ne furent que trop écoutés ; à cet appel, les Ouled-Abdi se réunirent à la hâte au nombre d'environ quatre cents, et ayant mis Ben-Djoudi à leur tête, ils marchèrent sur la Smala de leur caïd, Sidi-ben-Abbès, établi à Oued-Thaga (1). Cette marche faite en suivant la crête des montagnes n'ayant pas été signalée, le jeune caïd ainsi que sa famille n'eurent que le temps de fuir, en abandonnant une grande partie de leurs tentes et de leur butin ; et ses serviteurs se dispersèrent pour demander des secours aux tribus voisins.

Les Ouled-Abdi n'ayant trouvé aucune résistance, se mirent à piller et à enlever tout ce qui avait été abandonné ; et au moment où ils se disposaient à partir chargés de butin, les Ouled-Zian, tribu qui campait dans la vallée de l'Oued-Thaga, vinrent fondre sur eux, leur tuèrent quelques hommes et les forcèrent à se rejeter dans la montagne. Cette affaire, quoique n'ayant eu au-

---

(1) Sidi-ben-Abbès, caïd d'une partie de l'Auress, était fils d'un marabout qui avait laissé dans le pays une grande réputation de sainteté ; il était lui-même marabout ; sa famille était très-respectée ; il n'était pas guerrier, et comme caïd il avait peu d'autorité sur ses administrés.

cun résultat fâcheux, n'en fut pas moins un indice certain de la fermentation qui existait dans l'Auress, dont la tranquillité ne devait pas être de longue durée.

Au milieu de toutes ces défections, un marabout du nom d'Abd-el-Afid, mokadem des Krouan de la secte d'Abd-er-Rhaman, au lieu de suivre l'exemple de ses collègues, employait toute son influence pour engager ses coréligionnaires à ne pas attirer sur eux les rigueurs de la guerre. Non-seulement il n'avait pas répondu à l'appel que lui avait fait Bouzian , mais encore il ne cessait de prêcher la paix et la soumission à l'autorité française. Ses sages paroles, d'abord écoutées, produisirent un bon effet sur l'esprit des montagnards; plus tard, par un revirement subit, les Kabyles de l'Auress, appelés Chaouias, au caractère mobile, levèrent l'étendard de la guerre sainte, et exaltés, fanatisés, ils changèrent les intentions pacifiques de ce marabout, qu'ils avaient en vénération.

Ce saint homme, nourri dans l'oisiveté, dans la mollesse de la vie de marabout, eût mieux aimé rester tranquille dans sa zaouïa, que d'aller s'exposer aux hasards de la guerre. Mais quand les gens des montagnes abruptes du sud de l'Auress vinrent le supplier de marcher, il crut devoir le faire, pour ne pas compromettre la vénération dont il était l'objet ; et en quittant Kringa-sidi-Nadji, sa demeure habituelle, il écrivit à Biskra, qu'il n'avait aucun motif de mécontentement contre les Français ; et que les montagnards de l'Auress et les habitants du Zab-Chergui étant unanimes pour la guerre sainte, il était forcé, lui chef de religion, de se mettre à leur tête.

Aussitôt que cette nouvelle fut parvenue à Bathna, le commandant de la subdivision fit partir pour Biskra un bataillon de la légion étrangère, une pièce de montagne et une division de chasseurs à cheval. Ce renfort était urgent ; car, du moment qu'Abd-el-Afid s'était déclaré, des contingents nombreux des Ouled-Daoud, des Ouled-Abdi, des Béni-Séliman, des Hal-N'sirah, et de plusieurs autres tribus se rendirent près de lui ; et cet homme qui, jusque-là, avait mené une existence monacale, se trouva ainsi subitement entouré d'une foule de turbulents, de vauriens, de vagabonds et de fanatiques, qui lui demandèrent avec vociférations de marcher sur Biskra pour anéantir les chrétiens.

Cédant à ces cris frénétiques, Abd-el-Afid,

pris de vertige et aveuglé lui-même par le fanatisme, descendit dans la plaine du Zab-Chergui, persuadé qu'à son approche tous les habitants viendraient grossir la horde nombreuse qui le suivait, et qu'avec l'aide du Prophète, que tous invoquaient, il s'emparerait, sans coup férir, de la capitale des oasis, où siégeait le commandant du cercle. Il s'entendit, à cet effet, avec Bouziañ et Si-Moctar qui devaient faire jonction avec lui.

(*Planche I.*) Ainsi, plein de confiance dans la sainte cause qui le faisait agir et sans prévoyance aucune du danger, le marabout de Kringa-Sidi-Nadji se dirigea sur Biskra. Mais le commandant de Saint-Germain, qui avait été prévenu à temps de ses projets, en était sorti avec tout ce qu'il avait de disponible en cavalerie et en infanterie. De plus, s'étant fait suivre par les goums du cheik El-Arab et par ceux de Ben-Chenouff, caïd de Sidi-Okba, il marcha droit à l'ennemi qu'il rencontra à l'Oued-Sériana, à sept lieues de Biskra. Cet officier supérieur l'attaqua immédiatement de front avec sa cavalerie appuyée de l'infanterie, pendant que les goums se jetèrent à droite et à gauche pour l'envelopper.

Ce mouvement bien dirigé et rapidement exécuté eut le plus grand succès. En un instant, toute cette foule sans ordre fut culbutée et mise en déroute; elle se sauva dans toutes les directions, abandonnant tentes, effets de toute espèce et bêtes de somme, laissant sur le terrain un grand nombre de tués et de blessés. Abd-el-Afid après avoir jeté, pour s'alléger et se sauver plus vite, son burnous, plusieurs autres parties de son vêtement et même sa djebira (1), ne dut son salut qu'à une fuite précipitée, et se réfugia en toute hâte dans l'Auress. A cette nouvelle, Bouzian, qui était en route pour le rejoindre, retourna promptement s'enfermer à Zaatcha.

Cette affaire, couronnée d'un brillant succès, fut chèrement payée par la mort du brave commandant de Saint-Germain qui, dès le commencement de la charge qu'il avait enlevée lui-même avec le plus grand élan, fut tué roide par une balle à la tête. Il fut vivement regretté, et il le méritait: car cet officier avait un noble cœur et le feu sacré du métier; il avait énormément travaillé pour l'organisation du cercle de Biskra qu'il croyait être arrivé à un tel point de tranquillité que rien ne devait le troubler.

(1) Espèce de sabretache.

Cette déroute, ces cadavres abandonnés sur le lieu du combat, ce marabout en grande vénération, se sauvant presque nu dans sa retraite de Kringa-Sidi-Nadji, ne produisirent nullement sur les populations des Ziban l'effet qu'on en devait attendre. Les oasis, qui ne s'étaient point encore déclarées contre nous, continuèrent à rester dans une espèce de neutralité fort douteuse, et celles qui étaient en pleine révolte ne firent aucune démarche pour se soumettre. Il n'y avait donc que la destruction du foyer de l'insurrection qui pouvait rétablir l'ordre dans le sud de la province. C'était Zaatcha qu'il fallait abattre; là était Bouzian, le principal auteur de tous ces mouvements hostiles, qui, continuant son rôle de visionnaire, d'inspiré, ranimait l'esprit des faibles, surexcitait les exaltés et encourageait les habitants des oasis à persévérer dans la résistance qui devait à la longue les délivrer de leurs oppresseurs.

Le commandant de la province informa M. le gouverneur général de ces événements, qui devenaient de jour en jour plus graves, et lui demanda de nouveau des troupes, seul moyen d'abattre cette insurrection avant qu'elle ne s'étendît sur les autres parties de la province.

Ces renforts lui furent annoncés en même temps que lui parvint l'ordre de prendre ses dispositions pour se rendre dans le Sahara, aussitôt qu'il les aurait reçus.

CHAPITRE IV.

Formation de la colonne expéditionnaire. — Départ de Constantine. — Arrivée à Bathna. — Départ de Bathna. — La colonne à Biskra. — Services réglés. — Arrivée devant Zaatcha. — Projets présentés pour l'attaque de Zaatcha. — La Zaouïa, choisie pour un dépôt de tranchée. — Dispositions prises pour l'attaque de la Zaouïa. — Installation d'une place d'armes. — Occupation de la Zaouïa. — Guerre des oasis. — Description de l'oasis et du village de Zaatcha.

L'effectif des troupes qui se trouvaient à cette époque dans la province de Constantine n'était point en rapport avec toutes les difficultés du moment. Aussi, fut-il impossible de se conformer entièrement aux instructions de M. le gouverneur général, qui prescrivait : « d'être le plus « fort possible pour obtenir des résultats significatifs, en infligeant à Zaatcha un châtiment « exemplaire, seul moyen de faire rentrer les

« oasis rebelles dans l'ordre. » Pour atteindre ce but, il aurait fallu une très-forte colonne composée de manière à pouvoir frapper un de ces coups prompts et décisifs qui, en portant l'effroi dans les populations, font succéder soudain la tranquillité aux plus grands désordres. Mais une telle force ne pouvait être réunie qu'en prenant jusqu'au dernier homme de toutes les troupes de la province, dont la situation politique n'était point assez assurée pour qu'il fût prudent de laisser Constantine et Philippeville surtout, sans moyens de répression.

En effet, les Kabyles du Zouagha et de Collo étaient gens beaucoup trop mobiles pour que l'on pût avoir confiance entière dans leur soumission encore bien récente. Voisins de l'installation des colonies agricoles, ils étaient pour elles un sujet incessant d'inquiétude; il y avait donc nécessité d'y maintenir une active surveillance, et, pour le moment, on ne pouvait en retirer les détachements que l'on y avait envoyés. Ainsi forcé par les circonstances, le général laissa à Constantine et à Philippeville le nombre de troupes reconnu indispensable, et, après réduction faite dans les garnisons de Bône, de Ghelma, il put former une colonne de 3,306 hommes, y compris le 5ᵉ bataillon de chasseurs qui était annoncé d'Alger et qui devait débarquer à Stora, du 18 au 20 septembre.

Elle devait être renforcée des troupes de Bathna et de Biskra, et augmentée plus tard de celles que commandait le colonel de Barral qui, après avoir installé un poste militaire à Bouçada, avait l'ordre, si besoin en était, de se diriger sur Zaatcha à la tête de sa petite colonne, composée de la garnison de Sétif et de 400 zouaves du 1ᵉʳ régiment venus d'Alger.

Les troupes qui étaient destinées à l'expédition des Ziban et qui avaient reçu l'ordre de se rendre à Constantine y étant arrivées, le colonel Dumontet, du 43ᵉ de ligne, en prit le commandement et se mit en route, le 24 septembre, pour se rendre à Bathna, où le général commandant la province arriva le 28 septembre, escorté par tous les caïds, cheiks et grands de toutes les tribus du Tell qui avoisinaient la route.

Bathna était le chef-lieu d'un vaste pays où le général, lorsqu'il était colonel du 61ᵉ de ligne, avait été envoyé pour en prendre possession, l'organiser, l'administrer, et qu'il quitta en 1848 pour prendre le commandement de la province. Aussi, ce fut avec bonheur qu'il vit tous les caïds, tous les cheiks au milieu desquels il avait vécu et laissé d'honorables souvenirs, lui témoigner leur gratitude et l'assurer de leur fidélité. Ils furent sincères, car tous, à une très-petite exception, répondirent à la confiance que l'on avait mise en eux, et plusieurs même en donnèrent des preuves manifestes pendant le cours du siége de Zaatcha.

Toutes les dispositions furent prises afin que le service des convois fût assuré. Des ordres furent donnés au commandant de la subdivision pour la politique à suivre dans le pays, pendant la durée de l'expédition, ainsi qu'aux chefs arabes, pour la conduite qu'ils avaient à tenir envers leurs administrés, sur lesquels ils devaient exercer la plus grande surveillance, et sévir sans crainte contre les turbulents. Le général Herbillon, commandant la province, se mit ensuite à la tête des troupes et quitta Bathna le 6 octobre, à six heures du matin.

Le troisième jour de marche, la colonne après avoir passé le défilé d'El-Kantara, alla camper à El-Outaïa, où l'attendait le colonel Carbuccia. Cet officier, qui avait été envoyé à Biskra, venait rendre compte au général de la situation politique des Ziban, qui était peu rassurante, et le prévenir que Zaatcha et les oasis voisines, soumises plus que jamais à l'influence de Bouzian, étaient devenues le réceptacle de tous les fanatiques, attirés par la guerre sainte.

A l'arrivée à Biskra, le 4 octobre, les troupes dressèrent leurs tentes dans l'oasis, sous les palmiers, et en vue des villages dont les habitants étaient arrivés à une certaine aisance, qu'ils devaient à notre administration, pour laquelle ils ne montraient aucune reconnaissance: car, animés du même esprit de fanatisme que leurs coreligionnaires rebelles, ils nous virent fouler leur territoire avec la rage concentrée de gens qui n'attendaient que le moment favorable pour secouer un joug abhorré.

A peine le camp fut-il établi au milieu de cette oasis, que l'on vit arriver les cheiks du Zab-Guebli et du Zab-Chergui, qui venaient faire acte de soumission, dont la durée dépendrait du succès de l'expédition. Il fallait donc s'attendre à ce que, dans le cas d'une retraite, tous ces chefs deviendraient des ennemis fort dangereux. Le général les reçut de manière à leur faire comprendre qu'il n'était pas dupe du peu de sincérité de leur démarche. Toutefois, il accueillit leurs plaintes, leurs réclamations, et, après avoir réglé quelques affaires en litige, il les congédia, en leur donnant l'assurance que force resterait à nos armes et que les coupables seraient sévèrement châtiés.

Pendant la durée de l'expédition, Biskra allait devenir le point sur lequel tous les convois seraient dirigés et où les malades et les blessés seraient envoyés, pour de là être transportés à Bathna. Des mesures furent prises afin d'obvier à toutes les difficultés qui pourraient survenir et en particulier à l'encombrement des malades qu'il fallait surtout éviter. Aussi les moyens de transport furent-ils assurés et une ambulance munie d'ustensiles d'hôpitaux fut installée de manière à suffire aux premiers besoins. Tous les services étant organisés et deux jours de repos ayant été donnés aux hommes, les troupes quittèrent cette oasis, le 6 octobre, en emmenant une partie de la légion étrangère sous les ordres du colonel Carbuccia; ce qui porta l'effectif de la colonne expéditionnaire à 4,493 hommes, au lieu de 3,306. Elle bivouaqua, le soir même, sur la droite de l'oued Mellili, et le lendemain, 7 octobre, elle arriva devant Zaatcha, à 8 heures du matin, au pied du Coudiat-el-Meïda, où le camp fut immédiatement établi (1).

(*Planche II.*) Cette colline, en partie couverte de sable, sur laquelle les tentes furent dressées, fait face aux oasis de Lichana et de Zaatcha, commande le pays aussi loin que la vue peut porter et est située à cinq cents mètres de la Zaouïa (2), groupe de maisons que domine un minaret assez élevé. A deux cents mètres en avant du camp, se trouve Rass-Aïn-Meïoub, source abondante, dont deux compagnies du 5e chasseurs à pied prennent possession, dès notre arrivée.

A la vue de cet horizon de palmiers que formaient les oasis de Bouchagroun, Lichana, Zaatcha, Farfar et Tolga, dont les séparations de loin échappaient à l'œil, on ne put douter de l'opiniâtre résistance qui serait opposée à une opération que l'on avait ordre de conduire avec la plus grande vigueur : mais ce n'était pas avec 4,500 hommes, qui n'étaient qu'un point noir au milieu de cette immensité, qu'il était possible d'empêcher les habitants valides des oasis voi-

---

(1) Emplacement du bey de Constantine en 1831.

(2) École de Marebtiin.

sines et les fanatiques d'accourir de toute part au secours de Zaatcha. Malgré les nombreuses difficultés qui parurent devoir s'opposer à l'accomplissement de la mission confiée au général commandant la province, celui-ci n'en prit pas moins la détermination de ne quitter le Coudiat-el-Meïda qu'après un succès complet. Ce fut la résolution du premier moment; rien ne put la faire changer.

La répression de la révolte de Zaatcha était devenue une affaire fort grave. On avait à lutter contre un monde d'oasis, et non contre une seule, les Ouled-Djellal, qui, en 1846, avaient reçu Bou-Maza. Une attaque de vive force, comme celles entreprises en 1831 par le bey Ackmet et en juillet 1849 par le colonel Carbuccia, n'était donc point à renouveler sans s'exposer à un échec certain. Aussi, ne voulant rien donner au hasard, plusieurs projets furent examinés avec soin.

D'abord, il fut immédiatement reconnu impossible d'investir toute l'oasis dans laquelle se trouvent renfermés les villages de Lichana et de Zaatcha, dont le périmètre a près de douze kilomètres. Ce n'était pas avec un petit corps d'armée de 4,493 hommes que l'on pouvait occuper une ligne de ce développement.

Le colonel du génie présenta un projet qui consistait dans l'établissement de trois dépôts de tranchée, d'où partiraient trois attaques : l'un entre Lichana et Zaatcha, le deuxième à la Zaouïa, le troisième entre Farfar et Zaatcha.

Ce projet du colonel, qui, sans doute avec des moyens d'action suffisants, aurait déterminé un succès plus rapide, était inexécutable en raison du trop faible effectif de la colonne. Avec aussi peu de monde, diviser ses efforts dès le début, avant tout établissement, c'était s'affaiblir sur tous les points, prêter partout le flanc aux attaques des populations révoltées et s'exposer à toutes leurs entreprises qui, en harassant les troupes, auraient surexcité encore l'audace des Arabes.

Tous nos efforts devaient donc se porter sur un seul point; et, après mûr examen, le général décida que le dépôt de tranchée serait à la Zaouïa, par les considérations suivantes :

1° On se serait très-difficilement établi et maintenu entre Lichana et Zaatcha; c'eût été une entreprise des plus périlleuses, car on aurait dû faire face à l'ennemi par devant, par derrière, et cela au milieu de jardins, qui se prêtaient on ne peut mieux aux surprises et aux embuscades;

2° L'établissement d'un dépôt de tranchée entre Zaatcha et Farfar ne pouvait être mis à exécution qu'en occupant cette dernière oasis qui, il est vrai, était abandonnée, mais où les Arabes se glisseraient certainement pour nous tenir dans une inquiétude continuelle; on aurait eu, en outre, le grave inconvénient de former deux camps éloignés l'un de l'autre de 1,400 mètres, ce qui aurait nécessité une plus grande surveillance et l'envoi journalier de convois pour le transport des vivres et des malades;

3° Restait la Zaouïa; ce point remplissait toutes les conditions désirables pour l'établissement d'un dépôt de tranchée d'où partiraient les travaux d'attaque qui, conduits à travers les jardins, viendraient aboutir à la face Est des murs du village, que l'on pouvait considérer comme la base d'un triangle ayant pour sommet la Zaouïa; ce dernier point, n'étant qu'à 500 mètres du camp, offrait, en outre, tous les avantages d'une communication facile, et son occupation serait une prise de possession d'une partie importante de l'oasis.

L'attaque de cet avant-poste de Zaatcha fut donc décidée, et toutes les dispositions furent immédiatement prises pour en assurer le succès.

(*Planche II.*) Ainsi, le 7 octobre, jour de notre arrivée, à midi, l'ordre fut donné au cheik El-Arab de réunir ses goums, et de faire le tour de l'oasis par le sud, pendant que la cavalerie, dirigée par le colonel de Mirbeck et appuyée par le bataillon indigène, se porterait entre Zaatcha et Tolga, ayant pour mission d'empêcher les gens de cette dernière oasis de venir en aide à leurs voisins. Le colonel Dumontet alla s'établir avec un bataillon du 43e de ligne, sur la lisière orientale de l'oasis de Lichana, pour inquiéter les habitans ; il ne devait pas s'engager.

Le lieutenant-colonel Pariset, commandant l'artillerie, plaça les deux sections de la batterie de campagne et trois mortiers de 0,16 à hauteur d'Aïn-Meïoub et un peu en avant de la rive droite. Le tir des pièces avait pour but, en abattant quelques pans de muraille, de faciliter l'approche de la Zaouïa, d'en éloigner les défenseurs et de contenir les Arabes qui pourraient chercher à tourner l'attaque sur notre gauche. Les mortiers devaient lancer des bombes dans les jardins environnants, pour en chasser les indigènes qui s'y étaient embusqués.

Trois compagnies du 5e bataillon de chasseurs à pied, et un détachement de sapeurs du génie munis d'outils, d'échelles, de sacs de poudre, furent chargés de marcher droit sur le groupe de maisons qu'ils avaient devant eux, de s'en emparer et de s'y établir solidement. Ils étaient soutenus dans ce mouvement offensif par deux compagnies du 3e bataillon d'Afrique et par six cents hommes de la légion étrangère, qui, agissant de concert avec eux, devaient les couvrir en occupant les jardins de droite et de gauche. Une section d'obusiers de montagne fut placée à proximité de ces troupes, pour les appuyer en cas de besoin. Le commandement de cette colonne d'attaque fut donné au colonel Carbuccia avec l'ordre formel de ne pas dépasser les maisons groupées autour du minaret et surtout de ne pas poursuivre les Arabes dans des jardins dont l'issue nous était inconnue. Cet ordre fut communiqué et répété plusieurs fois à la troupe et à haute voix.

Toutes ces instructions ayant été données et

chacun étant rendu à son poste, l'artillerie ouvrit son feu, et, aussitôt que quelques pans de murs se furent écroulés et les Arabes éloignés, les troupes s'élancèrent au pas de course, ayant à leur tête le colonel Carbuccia. En un instant, les maisons, les jardins qui faisaient partie de la Zaouïa (1) furent enlevés avec la plus grande vigueur, et le drapeau tricolore arboré sur le haut du minaret. La prise de ce poste important, qui avait eu lieu sans éprouver de résistance et sans qu'il y eût perte d'hommes, aurait été un véritable succès, si les ordres avaient été strictement exécutés. Mais, dans l'ardeur de l'action, les officiers et soldats les oublièrent totalement en s'engageant dans les jardins, où les Arabes, à l'affût derrière les murs, dirigèrent sur eux un feu meurtrier; beaucoup d'entre eux, marchant en aveugles, allèrent même se heurter contre les murs crénelés du village où plusieurs trouvèrent la mort.

Assaillis de tous côtés par un ennemi invisible,

(1) Cette Zaouïa fût bâtie en 1306 par le nommé Sada, de la fraction des Rhaman. Ce chef de la secte des Sunnites, qui souleva les oasis contre le pouvoir de cette époque, fut défait et tué près de Mellili. 500 ans après, un autre imposteur fut la cause de la destruction de cette Zaouïa.

ces nombreux imprudents, en présence d'un pareil danger contre lequel ils ne pouvaient rien, cherchèrent le salut dans une fuite précipitée qui fut arrêtée par la section de montagne; celle-ci s'étant placée sur une espèce de tertre déjà occupé par les sapeurs du génie, parvint, au moyen d'un feu bien dirigé, à refouler les Arabes qui s'étaient mis à la poursuite des fuyards, et servit en même temps de point de ralliement où vinrent se réfugier tous les hommes dispersés.

Cet emplacement situé à 70 mètres en avant de la Zaouïa, sur la route de Lichana, où l'artillerie s'était si heureusement placée, avait été reconnu, immédiatement après la prise de la Zaouïa, par le colonel Petit, du génie, comme pouvant servir à l'établissement d'une place d'armes; il fut bientôt entouré d'un épaulement de sacs à terre; ce qui ne s'exécuta pas sans danger, car cette position, en vue du village, fut exposée à un feu très-vif. C'est là que le capitaine Thomas, du génie, et le lieutenant Pillebois, de la même arme, furent grièvement blessés. Ces deux officiers avaient été admirables de bravoure et de sang-froid.

Pendant que le combat se prolongeait dans

l'oasis et que le colonel Petit faisait élever un épaulement, le lieutenant-colonel Pariset dirigeait le feu de ses pièces et le tir de ses mortiers de manière à empêcher des groupes d'Arabes de s'embusquer derrière les murs de clôture des jardins, qui étaient à droite et à gauche de la mosquée, d'où ils auraient pu nous prendre à revers et tirer sur les blessés qu'on portait à l'ambulance.

Le désordre qui avait été causé par le *sauve-qui-peut* de tous les hommes qui s'étaient trop avancés ou égarés, ayant été réparé, les deux bataillons du 43e de ligne, sous les ordres de leur colonel, vinrent occuper la Zaouïa et s'y établirent solidement. Mais cette occupation ne produisit pas sur les habitants de Zaatcha l'effet que l'on attendait, et cela par suite de l'échauffourée déplorable qui nous coûta 25 tués, parmi lesquels le capitaine Jacquelin, du 3e bataillon d'Afrique, dont le corps resta entre les mains des Arabes (1), et 67 blessés y compris 11 officiers; pertes douloureuses faites sans nécessité, qui ne pouvaient être justifiées que par la trop

---

(1) Son corps fut trouvé, après la prise de Zaatcha, près du fossé; il n'avait pas été mutilé.

grande ardeur des troupes, que l'on avait cru pouvoir maîtriser en leur fixant une limite d'action.

Tel est le récit exact de l'attaque de ce poste important, premier épisode du siége de Zaatcha, et prélude de toutes les difficultés que nous devions rencontrer dans cette guerre d'oasis, qui était encore inconnue, où nous allions avoir à lutter contre un ennemi fanatisé et décidé à se défendre avec d'autant plus d'acharnement qu'il avait à nous opposer des renforts continuels.

Cette première affaire était, en effet, une preuve de la résolution qu'avaient les Arabes de nous disputer pied à pied les approches de Zaatcha, en profitant de tous les avantages que leur donnaient les jardins, les fourrés d'arbres et les murs de clôture. Ce village était entièrement caché par des palmiers, et on le savait entouré d'un fossé, large et profond, rempli d'eau, qui en faisait une petite place d'armes réputée imprenable; ces notions résultaient de faits antérieurs et d'un plan par renseignements, qui était aussi précis qu'on pouvait le désirer. Il n'en était pas de même de l'oasis, que l'on n'avait pu parcourir pour en étudier toutes les parties, et qui, différant de toutes les autres, ne fut véritablement connue qu'après que tous les travaux des tranchées furent terminés et que l'on fut arrivé, au pied des murailles de Zaatcha.

Cette oasis avait l'aspect d'une haute futaie de palmiers (1); elle était arrosée par deux sources abondantes, Aïn-Meïoub et Aïn-Fouar; cette dernière alimentait le fossé qui entourait entièrement le village et augmentait les moyens de défense de ce côté (nord-ouest) par la facilité de l'inonder. Le sol était coupé de canaux conduisant les eaux dans toutes les directions, et était hérissé de murs de jardins d'autant plus élevés qu'on avait plus abaissé le niveau du terrain pour assurer l'irrigation; quelques rues étroites et la base des murs étaient restées au niveau du sol. Les jardins étaient à deux ou trois mètres au-dessous de ce niveau. C'étaient de véritables trous de loup d'une grande dimension, où croissaient des figuiers et des abricotiers mêlés à des plantes rampantes, qui en faisaient un dédale inextricable : chaque jardin à enlever

(1) Lichana et Zaatcha, renfermés dans la même oasis, comptent 60,000 palmiers.

nécessitait un engagement plus ou moins meurtrier.

Quant à Zaatcha, il ressemblait à une petite place du moyen âge ; des tours carrées s'élevaient de distance en distance, reliées par des maisons percées de petits créneaux triangulaires destinés à faciliter la dessication des dattes par l'introduction de l'air extérieur, et les habitants s'en servaient contre nous comme de meurtrières. Un chemin de ronde bordait un fossé plein d'eau, de 6 à 8 mètres de largeur sur 0,80 à 1 mètre 20 c. de profondeur, qui entourait entièrement le village, dans lequel on entrait du côté de l'ouest par une grande porte, précédée d'un pont en pierre. Les maisons communiquaient entre elles par des terrasses ; l'entrée en était très-basse, il fallait se plier en deux pour y pénétrer. Les rues étaient très-étroites.

Ce massif de constructions, dominé par un minaret, était habité, avant notre arrivée, par cent cinquante familles qui abandonnèrent leur domicile et furent remplacées par les fanatiques de tous les environs et par des vagabonds venus de différents points de l'Algérie ; ceux-ci n'ayant rien à perdre et pouvant se remplacer facilement, étaient des adversaires dangereux, entièrement soumis à l'influence de Bouzian, et dominés par sa volonté de fer.

CHAPITRE V.

Parti que Bouzian tire des dépouilles des cadavres laissés entre les mains des Arabes. — Établissement d'une batterie, son tir. — Reconnaissance faite par le commandant Bourbaki, avec le bataillon de tirailleurs indigènes. — Construction de nouvelles batteries. — Le colonel Petit, du génie, blessé grièvement. — Commencement des travaux de siége. — Le capitaine Charles, du génie, prend la direction active des travaux. — Le colonel Petit conserve celle des attaques. — Moyens employés pour se défiler des feux de l'ennemi. — Chasseurs d'autruche. — Le lieutenant-colonel Pariset. — Conduite de l'artillerie. — Sortie des rebelles; ils se jettent sur nos positions. — Résistance des assiégés. — Nécessité d'étendre les travaux d'approche vers la droite. — Reconnaissance faite par le sergent-major Jouvisse, de l'arme du génie. — Occupation de nouveaux jardins. — Attaque des Arabes. — Système adopté par les défenseurs de Zaatcha, pour arrêter les travaux. — Contingents nombreux arrivant et se remplaçant sans cesse.

L'attaque et l'occupation de la partie la plus saillante de l'oasis ne portèrent aucune atteinte au fanatisme et à l'hostilité des défenseurs de Zaatcha, qui, ne jugeant les faits que par l'impression qu'ils en ressentaient, virent une défaite dans une retraite d'un moment et dans l'abandon forcé de quelques hommes tués. Les cadavres de nos soldats produisirent parmi eux le plus grand enthousiasme, que Bouzian s'empressa de propager dans les oasis voisines, en y envoyant comme trophées les vêtements dont on les avait dépouillés. Ce spectacle, parlant aux yeux de tous, exalta les têtes, augmenta le nombre de ses partisans et affermit en même temps la confiance de ceux qui étaient déjà avec lui. Aussi, tous les Arabes réunis à Lichana et à Zaatcha en sortirent pendant la nuit, et, s'éparpillant autour du camp, l'assaillirent de coups de fusil, qui, tirés de loin, indiquaient plutôt le contentement d'un succès obtenu, que l'intention d'une attaque combinée. Les troupes y répondirent à peine.

L'audace et l'arrogance des habitants de ces deux villages, qui étaient encouragés dans leur résistance par leurs voisins et surtout par des Arabes étrangers au pays, venus à leur aide, provenaient évidemment du peu de crainte que leur nspirait une faible colonne, dont ils connaissaient l'effectif, et aussi de l'assurance que leur donnait l'enceinte de Zaatcha, véritable réduit où ils croyaient pouvoir braver impunément toutes nos attaques. Il était donc de toute nécessité de leur prouver le contraire, en dirigeant immédiatement le feu d'une batterie d'artillerie sur ce village, afin d'y faire brèche et d'ébranler par ce moyen la confiance que les rebelles avaient dans les murs de cette espèce de forteresse.

(*Planche III.*) Ce fut pour atteindre ce but que l'artillerie, dans la nuit du 7 au 8 octobre, construisit une batterie sur l'emplacement que le colonel du génie avait reconnu propre à l'établissement d'une place d'armes. De ce point, on apercevait à peine les murs des maisons qui formaient l'enceinte du village, dont on espérait voir la base après l'abatage de quelques palmiers. Cette batterie fut terminée le lendemain, au point du jour, malgré toutes les tracasseries des Arabes et malgré le manque de matériaux, auxquels il fut suppléé par des tronçons de palmiers et par les débris des portes arrachées des maisons de la Zaouïa.

Cette batterie prit le n° 1, fut armée de trois pièces (1) et à dix heures du matin elle ouvrit son

(1) Un canon de 8, un obusier de 0,15 et un de 12.

feu, dont on ne pouvait juger l'effet que par les nuages de poussière qui, s'élevant à chaque coup, indiquaient que les projectiles atteignaient les constructions; mais les palmiers et les autres arbres qui les masquaient ne permettaient pas d'apprécier la justesse du tir. On était donc dans la plus grande incertitude sur le résultat de cette canonnade prolongée, lorsque tout à coup on aperçut une brèche et des lézardes. Celles-ci, vues de la batterie, paraissant d'une assez grande largeur, firent supposer que les Arabes, effrayés de l'effet produit par les boulets, ne prolongeraient pas davantage la défense de leur village et feraient leur soumission. Le général, sous cette impression, voulut s'assurer si vraiment les dégâts étaient tels que l'on pût espérer la reddition de la place ou bien tenter une attaque de vive force. Il chargea le commandant Bourbaki de cette mission.

Cet officier supérieur se porta avec une compagnie vers la droite de la batterie, dépassa les tirailleurs du 43e de ligne, que l'on avait placés en avant pour couvrir l'abatage des palmiers; il reconnut que, de ce côté, la muraille était un peu endommagée dans sa partie supérieure, et que le canon n'avait nullement atteint la partie inférieure; toutefois, cette reconnaissance ne suffisant pas, le commandant se dirigea vers la gauche avec son bataillon pour se porter dans les jardins qui bordent la place, afin de juger de plus près quelle était la nature des dégâts et d'inspirer en même temps aux Arabes la crainte d'un assaut.

Cette tentative ne fut pas heureuse. Les tirailleurs indigènes ne pouvant être surveillés par leurs chefs se dispersèrent, les uns dans les jardins et les autres, en grand nombre, s'élancèrent avec élan sur le village, où probablement ils croyaient pouvoir pénétrer. Arrivés à peu de distance du fossé, ils furent reçus par un feu terrible parti tout à coup de tous les créneaux des maisons, auquel ils ne pouvaient répondre et qui les força à se retirer précipitamment. Les Arabes, à ce mouvement de retraite, sortirent de tous côtés et se mirent à leur poursuite; les tirailleurs, s'arrêtant subitement, firent un retour offensif, leur tuèrent plusieurs hommes et arrachèrent de leurs mains les corps d'un officier et d'un soldat qui avaient succombé.

Dans cette reconnaissance, malheureusement interrompue, on put cependant s'assurer que le premier mur était écrêté, que quelques maisons étaient percées de boulets sans être sérieusement endommagées, et que la brèche, que l'on avait crue praticable, était à plus de deux mètres au-dessus du fossé. Ainsi, les nombreux projectiles lancés n'avaient fait que fort peu de dégâts et les murs atteints étaient restés intacts même à une grande hauteur.

La perte, dans ce combat d'un moment, fut, pour les tirailleurs indigènes, de 7 tués, dont 1 officier, et 43 blessés; ajoutée à celle de la veille, elle faisait un grand vide dans la colonne, déjà bien faible; elle démontrait, en outre, combien il était difficile, sinon impossible, d'empêcher les hommes de s'égarer dans le dédale de tous ces jardins, où cachés, dispersés, ils échappaient à la surveillance de leurs chefs et allaient imprudemment se livrer aux coups d'un ennemi invisible. Quant aux Arabes, bien qu'ils eussent été abrités, ils n'en eurent pas moins, dans ces deux journées, plusieurs des leurs tués et un assez grand nombre de blessés ; mais, comme la plus grande partie était étrangère à la localité, il n'en pouvait résulter aucun deuil, aucune désolation dans les familles de Zaatcha, ce qui fut une des principales causes de la longueur de cette guerre.

Le bataillon indigène, en se retirant, avait entraîné avec lui les compagnies qui avaient été placées dans les jardins les plus avancés; ces derniers furent abandonnés pour le moment avec l'intention de les reprendre, lorsque les positions que nous occupions seraient fortifiées, et qu'une nouvelle batterie aurait été construite à 40 mètres de la première, pour en protéger l'occupation. Ces travaux furent exécutés la nuit.

(*Planche III.*) Le lendemain 9 octobre, à la pointe du jour, le colonel Petit, qui mettait un grand zèle et une aptitude remarquable dans tout ce qu'il entreprenait, partit du camp avec une section du génie, une compagnie du 5ᵉ chasseurs à pied et une autre de la légion étrangère; ce détachement s'empara sans difficulté, sous la protection de la batterie nº 2, des jardins abandonnés la veille, dont on assura l'occupation en perçant des créneaux dans les murs d'enceinte.

Pendant que ce mouvement s'opérait, le colonel s'était porté en avant pour faire une reconnaissance des lieux et déterminer l'emplacement d'une nouvelle batterie qui pût prendre d'enfilade les tours du village. C'est au moment qu'il montrait cet emplacement à plusieurs officiers et qu'il se faisait donner des renseignements sur Zaatcha par le sous-lieutenant Séroka, attaché au bureau arabe, qu'une balle, partie d'un des créneaux de la place, vint lui briser l'épaule gauche, après avoir traversé le cou de M. Séroka.

La blessure grave que venait de recevoir le colonel Petit, et qui nécessita la désarticulation de l'épaule, porta la plus profonde tristesse dans le cœur des officiers et soldats de la colonne expéditionnaire ; elle était d'autant plus sensible que déjà, à l'affaire du 7, le capitaine Thomas et le lieutenant Pillebois avaient été évacués pour cause de blessures graves : ce qui avait réduit l'effectif des officiers du génie à quatre, dont deux capitaines (1), nombre évidemment insuffisant pour répondre à toutes les exigences du service.

Le capitaine Charles prit alors la direction active des travaux, et le colonel Petit, malgré ses vives souffrances, voulut conserver celle des attaques. Il demanda à ce qu'on laissât, d'une manière permanente, au colonel Carbuccia le commandement des troupes d'infanterie de ser-

---

(1) MM. Charles et Laberge.

vice à la tranchée; ce qui lui fut accordé, en adjoignant à cet officier supérieur le capitaine Collineau, de la légion étrangère (1).

Cet événement malheureux fit sentir l'importance de se défiler au plus vite du feu des assiégés, qui venaient de nous donner une preuve bien cruelle de leur adresse. On ferma donc immédiatement les brèches faites aux murs des jardins, avec des sacs à terre; on éleva des traverses en rondins de palmiers; on employa enfin tous les moyens possibles pour donner sécurité aux travailleurs, aux canonniers, ainsi qu'aux officiers et soldats que leur service appelait dans les tranchées.

Mais, parmi les gens que Bouzian avait réunis autour de lui, il y avait des chasseurs d'autruches, tireurs d'une extrême habileté; on ne put, pendant toute la durée des opérations, éviter les effets meurtriers de leurs coups. Ces Arabes du désert restaient toute la journée immobiles sur les créneaux, les yeux fixés sur leur proie; ils en épiaient les moindres mouvements, et tout homme qui se découvrait était frappé. Ils guet-

(1) Mort en Chine, général.

taient aussi avec la plus grande attention le moment où l'on démasquait les pièces, et aussitôt arrivaient des balles tirées avec une précision remarquable, dont les tranches des pièces portaient de nombreuses empreintes; ce qui attestait le danger que couraient les canonniers.

L'emplacement dont le choix avait été si fatal au colonel du génie, ainsi qu'un autre point situé plus à gauche de 50 mètres, ayant été reconnus très-convenables pour l'établissement de deux batteries (1) destinées à prendre d'enfilade trois tours du village, le lieutenant-colonel Pariset les fit construire sans retard. Cet officier supérieur qui, dans le cours du siége, rendit de si grands services, n'avait pour le moment avec lui que 9 officiers et 276 artilleurs, dont le zèle ne se démentit pas un seul instant. Ils donnèrent tous de grandes preuves de dévouement et de courage, dans l'exécution de tous les travaux faits au milieu de massifs de palmiers qui leur masquaient la vue, et d'un fouillis de plantes rampantes et d'arbrisseaux qu'il fallait couper, arracher, sous le feu de la place, avant de donner un coup de pioche.

---

(1) Batterie Petit et batterie n° 3.

Le génie travailla en même temps à perfectionner le défilement, à partir de la Zaouïa jusqu'à ces dernières batteries, et, s'avançant avec prudence, s'empara, sans coup férir, d'un jardin (1) situé vers l'extrême gauche, dont l'occupation fut importante parce que le terrain sur ce point dominait un peu les jardins environnants, et permettait de tenir les Arabes éloignés de nos positions.

Les autres troupes de la colonne expéditionnaire, comme celles du génie et de l'artillerie, étaient animées d'une grande émulation, d'une activité presque fébrile, et toutes ayant le plus grand désir d'en finir avec les défenseurs de cette petite forteresse, qui les provoquaient sans cesse, apportaient le plus grand zèle dans les différents services. Aussi, malgré leur petit nombre et les dangers auxquels elles devaient être exposées, le général n'hésita pas à faire continuer les travaux d'approche dans le but d'arriver au fossé que l'on voulait combler, au point où la brèche devait être faite.

La construction de ce cheminement fut très-

---

(1) Jardin n° 8.

souvent contrariée par les pierres que les Arabes jetaient sans relâche sur la tête de sape, et par les feux plongeants des maisons, que l'artillerie chercha à éteindre. Pour le faire avec plus d'efficacité, celle-ci construisit une nouvelle batterie (1) qui, concurremment avec les deux dernières déjà établies, battit les points les plus élevés de la place; elle dirigea principalement son feu sur la tour sud-est, dont une partie du haut s'écroula. A la vue de cet éboulement, les sapeurs du génie débouchèrent dans cette direction; mais ils furent arrêtés par les Arabes qui les rejetèrent dans les jardins, dont ils tentèrent même l'escalade. Cette attaque fut repoussée par la garde de tranchée et n'eut aucune suite fâcheuse.

Ce fragment de tour écroulé, et les sapeurs du génie débouchant pour se porter sur le bord du fossé, inquiétèrent tellement les rebelles que, le soir même, à 7 heures, ils se réunirent au nombre d'environ 300, et, s'animant les uns et les autres, vinrent se jeter avec fureur sur la gauche de nos positions pour nous en chasser. Deux fois ils furent reçus

(1) Batterie n° 4.

par les grenadiers du 43ᵉ et par ceux de la légion étrangère; les premiers qui se présentèrent furent tués sur place, ainsi que ceux qui vinrent pour enlever leurs corps. Après une lutte assez longue, ils furent enfin repoussés, en laissant 10 morts et en emportant leurs blessés. De notre côté, nous eûmes un homme tué et 22 blessés. Le chef de bataillon Plombin, de la légion étrangère, qui commandait ces deux compagnies d'élite, se fit remarquer par l'élan qu'il sut donner aux troupes.

(*Planche III.*) Jusqu'au 11 octobre, les travaux d'attaque furent dirigés sans interruption sur l'angle sud-est du village, et on les croyait suffisants pour déterminer la soumission des habitants qui, selon toute probabilité, ne voudraient pas s'exposer à une prise d'assaut. Les assiégés, au contraire, n'en devinrent que plus entreprenants, plus audacieux, et l'opiniâtreté de la résistance ne fit qu'augmenter au fur et à mesure qu'on s'approchait de la place. On sentit donc la nécessité d'étendre ces travaux vers la droite, pour ouvrir une deuxième brèche à l'angle nord-est, et d'approcher d'une maison que l'on croyait être celle de Bouzian (1), et qui, jusqu'à ce moment, avait été à l'abri de nos projectiles. Une reconnaissance fut donc faite par le sergent-major Jouvisse, du génie, qui, suivi de six sapeurs, sut se dérober à la vue des Arabes et arriver dans un jardin, à 45 mètres de l'angle nord-est, qu'il reconnut propre à l'emplacement d'une batterie. D'après son rapport, il fut décidé que l'on s'emparerait de ce jardin (2), et tous les matériaux nécessaires à cette occupation furent préparés, pendant la nuit.

Deux compagnies du 5e bataillon de chasseurs furent placées dans ce jardin, et dans un autre, un peu plus à gauche (3); tous les deux attenant au chemin qui conduisait de la Zaouïa au village ; et, le lendemain, à la pointe du jour, ils furent entièrement occupés, les murs crénelés et la rue barricadée. Les ronces, les abricotiers, les oliviers et les palmiers qu'il fallut arracher ou abattre pour se faire jour, rendirent le travail pénible et long. Heureusement pour les tra-

---

(1) L'emplacement réel de la maison de Bouzian n'a été connu que longtemps après.

(2) Jardin n° 12.

(3) Jardin n° 10.

vailleurs que les murs élevés dont ils étaient entourés, les défilaient des feux de la place. Les Arabes, cependant, qui se doutaient de nos intentions, avaient l'oreille au guet, et, ne se trompant pas sur la direction donnée aux travaux, arrivèrent en nombre, lancèrent une grande quantité de pierres par-dessus les murs qu'ils ne pouvaient franchir ; et les plus audacieux, attaquant avec vigueur du côté de la tête de sape, y laissèrent cinq cadavres. Le travail fut interrompu et ne fut repris que lorsque les Arabes, après maints efforts inutiles pour nous chasser de ces nouvelles positions, se furent retirés.

Le système adopté par les défenseurs de Zaatcha, dès le début du siége, était de nous inquiéter sans cesse, de nous opposer audace et ruse, et de renouveler constamment les tentatives les plus hardies pour entraver et même arrêter nos travaux d'attaque. Aussi, ce cheminement de jardin en jardin était devenu un combat incessant, de jour et de nuit, où les Arabes, attaquant parfois de vive force, venaient se faire tuer au pied des retranchements. Très-souvent, profitant de la connaissance qu'ils avaient de toutes les issues de l'oasis, ils faisaient une irruption tellement rapide que l'on était forcé, pour les repousser, d'abandonner une position nouvellement occupée.

Plus tard, ils allumèrent de grands feux, qui, éclairant les tranchées, assuraient leur attaque dont l'objet principal fut toujours les têtes de sape; ils en incendiaient les blindages, enlevaient les masques et, s'acharnant au gabion farci, ils ne manquaient jamais de tirer à bout portant sur les sapeurs qui le posaient. Les travaux n'en étaient pas moins continués, les dégâts réparés; et ce fut ainsi qu'à force de patience, malgré des obstacles de toute espèce et des luttes continuelles, on parvint à construire les batteries de brèche et à s'établir solidement sur plusieurs points.

Cette guerre de chicanes ne laissait pas que d'être meurtrière, et était prolongée par la facilité avec laquelle les Arabes pouvaient s'introduire dans l'oasis par la partie ouest que nous ne pouvions occuper, et qui, entièrement libre, permettait à Bouzian d'évacuer les blessés et de les remplacer par de nouvelles recrues, formant parfois des contingents nombreux. Ainsi renouvelés, ces soldats improvisés arrivaient avec l'exaltation du fanatisme et avec l'ardeur guerrière du moment, dont ils se hâtaient de donner des preuves, soit en faisant des démonstrations hostiles sur le camp, soit en attaquant à l'improviste quelques parties des tranchées.

Ces nouveaux combattants nous étaient signalés le soir, à leur arrivée, par les cris des femmes, l'aboiement des chiens et par des coups de fusil tirés en signe de réjouissance ; ils apportaient avec eux des vivres, de la poudre, et, après quelques jours passés à Lichana ou à Zaatcha, ils s'en retournaient dans leurs tribus pour être remplacés par d'autres. Ce n'était donc pas un ennemi fatigué et découragé que nous avions à combattre, mais bien des hommes pleins d'entrain et excités à la résistance par la voix d'un chef qui les fanatisait, leur répétant sans cesse : « que le chrétien n'entrerait pas plus dans « Zaatcha que dans la Mecque. » On se trouvait donc en face d'un adversaire décidé à ne céder qu'à la dernière extrémité.

CHAPITRE VI.

Arrivée du colonel de Barral. — Nouvel effectif de la colonne expéditionnaire. — Les Arabes font une sortie et attaquent les tranchées. — Les gens de Tolga et de Lichana attaquent le camp. — Répartition des travaux du siége. — Moyens employés pour combler le fossé. — Mort du capitaine Besse. — Tir de l'artillerie sur l'angle nord-est de la place. — Difficultés que le génie éprouve dans les travaux d'approche. — Nouvelles inquiétantes concernant l'esprit de révolte des Arabes des subdivisions de Sétif et de Bathna. — Détermination prise de hâter l'assaut. — Réunion des chefs de service. — Brèche de gauche reconnue praticable. — Assertion du colonel Carbuccia. — Brèche de droite jugée praticable. — Moyens proposés pour le passage du fossé. — L'assaut est décidé. — Ordre donné pour l'assaut. — Formation de deux colonnes d'attaque. — Dispositions prises. — Insuccès de l'attaque de gauche. — Combat acharné à l'attaque de droite. — Difficulté du passage du fossé. — Efforts inutiles. — Retraite des troupes. — Pertes en tués et blessés.

La ténacité et l'audace que les Arabes mettaient dans la défense de Zaatcha avaient décidé le général à donner l'ordre au colonel de Barral de le rejoindre aussitôt qu'il aurait terminé sa mission à Bouçada. Il arriva au camp le 12 octobre, avec une colonne de 1512 hommes de toutes armes. Ce renfort, quoique faible, répandit la joie et l'encouragement parmi les troupes, qui commençaient à se fatiguer ; elles avaient en effet peu de repos : les travaux de tranchées, les gardes, les piquets, les convois et les corvées, les tenaient continuellement en mouvement, et les tracasseries incessantes des Arabes leur faisaient passer des nuits sans sommeil. Aussi, l'arrivée de cette colonne fut-elle un bienfait ; elle augmenta l'effectif qui avait déjà éprouvé une perte de 200 hommes par le fait du feu de l'ennemi ; elle le porta à 6,040, force qui, certainement, n'était point encore en rapport avec la résistance que nous opposaient les Arabes.

Ce renfort, tout important qu'il était, ne changea rien à l'esprit de rébellion des habitants du Zab-Dahari, que des secours, récemment venus du dehors, exaltèrent au point que, le lendemain même de l'arrivée de la colonne de Bouçada (13 octobre), les défenseurs de Zaatcha en sortirent à sept heures du soir, dans le plus profond silence ; se glissant le long des jardins, ils s'approchèrent sans bruit des tranchées; puis, se précipitant avec une espèce de rage, ils cherchèrent à enlever les gabions et les saucissons des ouvrages, à incendier la tête de sape et même à escalader une batterie. Les troupes les reçurent avec calme, tirèrent peu et repoussèrent ces forcenés de tous les points qu'ils assaillaient. Le colonel Carbuccia, qui remplissait les fonctions de major de tranchées, se fit remarquer par sa grande activité.

Au même moment, les gens de Tolga, excités par les cris des femmes, quittaient leur oasis, et, profitant de toutes les sinuosités du terrain, arrivaient à environ 400 mètres du camp, où ils essayèrent de jeter le désordre en dirigeant leurs feux sur l'emplacement qu'occupaient les bêtes de somme et les goums du cheik El-Arab. De leur côté, les habitants de Lichana, se dirigeant sur Aïn-Meïoub, firent une tentative pour enlever le poste qui y était placé, afin de couper la communication du camp à la Zaouïa. Les gardes avancées suffirent pour repousser ces attaques, et les Arabes, s'apercevant que leur feu n'avait causé aucun trouble dans le camp, se retirèrent en emportant, comme à leur ordinaire, leurs tués et blessés, dont nous ignorions toujours le nombre : notre perte fut de deux tués et huit blessés.

(*Planche III.*) Le détachement du génie, ayant reçu, par l'arrivée de cette colonne, deux officiers et vingt et un hommes; il fut alors possible de répartir la direction des attaques entre le capitaine Graillet, nouvellement arrivé, qui eut celle de droite, et le capitaine Charles, qui conserva celle de gauche (1). Cette répartition, tout en excitant l'émulation, donna plus de suite aux travaux de ce siége, que l'on était forcé d'entreprendre au milieu d'une oasis, où les difficultés inhérentes au sol étaient encore augmentées par l'insuffisance des moyens dont nous pouvions disposer.

De ces deux attaques, celle de gauche, qui avait été entreprise la première et sur laquelle au premier abord toute l'attention avait été portée, était arrivée sur la contre-escarpe, d'où l'on put reconnaître le fossé, dont la largeur fut trouvée de 8 à 9 mètres et ayant 1 mètre 60 c. d'eau. Ce travail d'approche vers le sud-est avait été sou-

---

(1) Le colonel Petit avait conservé la haute direction des travaux du siége.

vent inquiété par le feu plongeant de la place et par les pierres que les assiégés lançaient sans cesse dans les tranchées ; et comme, à mesure que l'on avançait, le danger devenait plus imminent, on avait été forcé, pour se mettre à l'abri de ces projectiles, de blinder la tête du cheminement, que l'on couvrit avec des fascines en branches de palmier.

Pendant que le génie poussait sans relâche ses travaux vers la place, l'artillerie avait construit une nouvelle batterie (1) et perfectionné celles déjà établies, dont le feu dirigé sur les constructions de l'angle sud-est déjà endommagées y causa des éboulements. Il en résulta une brèche, que l'on jugea praticable pour l'assaut ; mais à laquelle on ne pouvait parvenir qu'après avoir comblé le fossé.

Cette opération, longue et pénible, fut immédiatement entreprise, et on se servit à cet effet des moellons et des briques provenant de la démolition des maisons de la Zaouïa, que l'on fit passer de main en main jusqu'à la tête de sape, dont on essaya d'écarter le masque pour les jeter

---

(1) Batterie n° 5.

dans le fossé. Cet essai fut abandonné, parce que les assiégés, qui s'étaient logés dans les parties basses des maisons abattues au milieu des décombres, profitèrent de cette ouverture pour faire un feu parfaitement dirigé, qui blessa grièvement plusieurs sapeurs du génie, et refoula dans les lignes tous les hommes qui occupaient la tête de sape; alors on disposa celle-ci, ainsi que le blindage, de manière à pouvoir jeter les pierres par dessus le parapet, tout en se défilant des feux du rempart.

Les Arabes, qui voyaient les travaux d'approche arriver près de leurs murailles, tentèrent de nouveau une attaque assez vive qu'ils étendirent même jusque sur le camp, et, pour assurer leur tir, ils allumèrent de grands feux dans le but d'éclairer les tranchées. Les soldats ne s'en étonnèrent pas, s'abritèrent derrière les murs et la fusillade des assiégés ne produisit que très-peu d'effet. Le travail du comblement du fossé, ainsi que la construction d'un cavalier de tranchée, destiné à éteindre le feu de la mousqueterie de la place, n'en furent point arrêtés.

Quant aux travaux de l'attaque de droite, ils furent conduits avec la même activité que ceux de gauche, et s'ils n'arrivèrent pas jusqu'au fossé, cela provint du manque de matériaux et des grandes difficultés que l'on rencontra à chaque pas : car rien ne fut négligé pour rendre la partie nord-est de la place aussi accessible à l'assaut que celle du sud-est.

L'artillerie, aussitôt qu'il fut décidé qu'une batterie serait établie sur l'emplacement (1) d'un des jardins occupés le 12 octobre, se mit à l'œuvre, et, dès le 14, cette batterie construite et armée ouvrit son feu sur l'angle nord-est du village. C'est au moment où il allait commencer que le capitaine Besse, en examinant la direction donnée à la pièce de droite, fut frappé d'une balle au-dessus de l'œil gauche, qui le tua sur le coup. La batterie porta son nom.

Le tir de cette batterie fut dirigé sur une tour carrée, solidement construite, dont les quatre angles plus élevés lui donnaient l'apparence d'un donjon. Les feux de cette tour, dominant tous les environs, rendaient de ce côté tous les travaux d'approche extrêmement périlleux. Cette tour, étant masquée sur la moitié de sa hauteur par plusieurs maisons dont les murs étaient fort

(1) Jardin n° 12.

épais, l'artillerie dirigea des boulets et ensuite des obus à charges réduites, de manière à y causer de grands dégâts et des éboulements considérables. Une fois abattues, les décombres s'étendirent jusqu'au bord du fossé et la tour ayant fini par s'écrouler, la brèche fut jugée aussi praticable que celle de gauche.

Le génie, pendant ce temps, s'était emparé de deux nouveaux jardins(1) pour couvrir la batterie Besse et celle n° 6, ainsi que ses propres travaux. Après les avoir mis en état de défense il avait commencé un débouché près de la batterie Besse pour approcher de l'angle nord-est du village. Mais le manque de matériaux nécessaires pour l'établissement de la sape et les obstacles du terrain, planté d'arbrisseaux et traversé par une multitude de canaux d'irrigation, présentèrent des difficultés tellement nombreuses que le cheminement exécuté d'ailleurs sous les feux plongeants de la place et sous une grèle de pierres, ne marcha seulement que de un ou deux mètres par vingt-quatre heures. Il n'y a pas à s'étonner de cette lenteur, quand on pense que pour faire rouler le gabion farci, il fallait couper des arbres

(1) Jardins 13 et 14.

de toute espèce et que les parapets étaient faits en troncs de palmiers.

Les travaux d'approche de l'attaque de droite n'étaient point encore terminés, lorsque, le 18 octobre, des nouvelles plus ou moins inquiétantes arrivèrent au général sur l'esprit de révolte, qui se manifestait dans quelques parties de la subdivision de Sétif et principalement dans celle de Bathna, où les Arabes, encouragés par la longueur du siége de Zaatcha, ne craignaient pas de donner des preuves ostensibles d'hostilité.

Ainsi, à Bouçada, dépendant de Sétif, une partie des habitants avait essayé un coup de main contre la faible garnison que l'on y avait laissée, et l'on apprenait que les Ali-ben-Sabors, du cercle de Bathna, avaient assassiné des bûcherons français. Avis était aussi donné par les cheiks du Bélezma que, malgré les ordres du général, les nomades se disposaient à forcer le passage du Tell au Sahara, pour venir en aide à leurs frères des oasis. Le bureau arabe de Biskra le prévenait en même temps que l'on parlait de nouveau du chériff Abd-el-Afid, qui, depuis sa défaite de Sériana, s'était retiré à K'baich, et que les gens de l'Auress se disposaient à intercepter la communication entre Bathna et Biskra. Enfin, le caïd Ben-Chenouff, de Sidi-Okba, lui écrivait que Hamed-bel-Hadje, ancien kralifat d'Abd-el-Kader, travaillait les esprits des habitants de cette oasis, où il avait conservé des relations suivies. Toutes ces nouvelles, dont quelques-unes s'étaient déjà vérifiées, étaient beaucoup trop graves pour que le général ne s'efforçât pas de couper court à ces germes d'insurrection.

Les complications dans l'expédition des Ziban, qui devaient résulter du soulèvement de tribus situées sur ses derrières et surtout de l'arrivée des nomades dans le Sahara, déterminèrent le général à hâter l'assaut, malgré que les travaux d'approche ne fussent pas entièrement terminés. Cependant avant de prendre une décision définitive, il voulut s'assurer s'ils étaient assez avancés pour que le succès ne fût pas douteux. Dans ce but, le 19 octobre, tous les chefs de service furent réunis, et après leur avoir donné connaissance des nouvelles qu'il avait reçues, il leur fit part de ses intentions d'en finir immédiatement avec ce K'sour rebelle.

Le général demanda alors, si la brèche de gauche qui, le 14 octobre, avait été jugée suffisante, était réellement praticable. Le capitaine du génie, chargé des attaques de gauche, répondit affirmativement; il fut vigoureusement appuyé dans cette assertion par le colonel Carbuccia qui, comme chef permanent du service de tranchée depuis la blessure du colonel Petit, déclara avoir fait reconnaître la brèche. Quant à la partie du fossé qui faisait face à cette brèche, comme elle avait été entièrement comblée, le passage en était assuré.

La brèche de droite avait été également jugée praticable; mais les travaux d'approche n'étant encore qu'à 20 mètres de la contre-escarpe, il n'y avait pas de passage de fossé en avant de la brèche ouverte à l'angle nord-est, et l'on n'était pas en mesure de l'établir avant huit jours, à cause des grandes difficultés que l'on éprouvait pour avancer sur cet angle : laps de temps fort long, vu les événements ultérieurs qui pouvaient survenir, et le désir que chacun avait de voir la fin de ces combats de jardins, où le courage avait peine à lutter contre la ruse, et qui augmentaient journellement nos pertes en tués et surtout en blessés.

Cependant malgré tous les motifs qui portaient à l'assaut, il fallait avant de rien entreprendre, avoir la certitude de pouvoir atteindre la brèche. Le général en fit l'observation à laquelle le capitaine du génie chargé de l'attaque de droite, répondit : « que le passage du fossé ne devait pas « nous arrêter, qu'il avait trouvé un excellent « moyen, consistant dans une longue voiture à « deux roues, appartenant à un voiturier civil, « sur laquelle il ferait placer d'avance de lon- « gues planches, et qui jetée à travers le fossé, « formerait un passage facile pour les trou- « pes ». Certe assertion fit cesser toute hésitation, et tous les officiers, chefs de service, moins un (1), se prononcèrent pour l'assaut, persuadés d'ailleurs que s'il ne réussissait pas parfaitement de ce côté, il n'en serait pas moins une démonstration offensive, qui contribuerait au succès de l'attaque de gauche, dont on attendait le plus grand résultat. Cette question étant résolue, il fut décidé que l'assaut aurait lieu le lendemain, 20 octobre.

Ce parti une fois pris, des ordres furent donnés pour la formation de deux colonnes d'attaque. Le commandement de celle de droite fut confié au colonel du 43e de ligne, qui, après avoir franchi la brèche, devait faire tous ses efforts pour se loger dans la maison crénelée faisant face

---

(1) Le colonel du 43e de ligne.

à ladite brèche, et lancer ensuite ses troupes dans le village. Il avait en outre reçu l'ordre de tourner Zaatcha par la droite, en faisant filer le long des jardins les hommes du bataillon d'Afrique, après les avoir prévenus que les tirailleurs indigènes exécutaient un mouvement analogue du côté opposé.

Le colonel Carbuccia, qui avait fait preuve de la plus grande activité depuis le commencement du siége, eut le commandement de la colonne de gauche, dont faisait partie le bataillon de son régiment (légion étrangère); il avait l'ordre de franchir la brèche qu'il avait fait reconnaître, et de ne se porter en avant qu'après s'être assuré d'un réduit.

Le commandant Bourbaki, des tirailleurs indigènes, devait partir au réveil, ayant pour mission de chercher à gagner par la gauche, dans les jardins, pour couper toute communication entre Lichana et Zaatcha, et investir momentanément cette dernière place en rapprochant sa gauche de la droite du bataillon d'Afrique.

Le colonel de Mirbeck, commandant la cavalerie, était chargé de parcourir les alentours de l'oasis pour surveiller les gens de Tolga et devait se porter partout où il croirait sa présence nécessaire. Les recommandations les plus précises avaient été faites aux goums, pour qu'ils ne se trouvassent pas en face des troupes, afin d'éviter toute méprise.

Le colonel de Barral, du 38e de ligne, avait l'ordre de prendre le commandement du camp et des réserves, de disposer ses troupes dans la prévision que, pendant l'assaut, les gens du Zab-Dahari pourraient, comme ils l'avaient déjà fait, venir inquiéter le camp, se jeter sur nos flancs, et chercher à intercepter les communications avec les tranchées. Il devait aussi occuper l'attention des habitants de Lichana en envoyant de forts détachements le long de l'oasis et en lançant quelques bombes dans le village.

Tous les ordres ayant été donnés et communiqués aux troupes le 19 au soir; le lendemain, le général se rendit à la pointe du jour, au cavalier de tranchée près la batterie Besse, pour être à portée des deux attaques. Au même instant, le lieutenant-colonel Pariset fit ouvrir le feu de ses batterie et, à 5 heures et demie, les colonnes étaient rendues aux divers emplacements qui leur avaient été assignés. A six heures, l'artillerie augmenta l'intensité de son feu, et aussitôt que le général fut informé que le commandant Bourbaki avait achevé son mouvement d'investissement, il fit sonner la charge ; à ce signal, les troupes désignées pour monter à l'assaut se portèrent avec la plus grande rapidité vers les brèches qu'elles devaient franchir.

A l'attaque de gauche, l'élan des deux compagnies d'élite de la légion étrangère, commandées par le capitaine Padro, fut arrêté par le mantelet, ou masque, fermant l'entrée de la sape, qu'on ne pouvait renverser et qui, après même qu'il fut tombé, embarrassa le débouché au point que les hommes furent forcés de traverser le fossé un par un ; ils s'élancèrent ensuite sur la brèche, où ils furent accueillis par un feu très-nourri et à bout portant. La compagnie de voltigeurs, sans s'arrêter, se précipita sur les décombres où, étant arrivée, elle ne trouva plus d'issue; ne sachant de quel côté se diriger, elle resta en but à un feu de flanc qui la décima. Dix voltigeurs, cependant, parvinrent à s'établir sur une terrasse, où ils furent presqu'entièrement engloutis par un éboulement, dont l'effet jeta le désordre parmi les assaillants qui se portèrent spontanément en arrière.

Ce mouvement rétrograde résultat de l'instinct naturel, n'aurait probablement pas eu lieu, si ces deux compagnies avaient été appuyées, lorsque arrivées sur la brèche elles cherchaient à s'y maintenir ; mais ne se voyant pas soutenues et ayant eu dans une lutte d'un moment 13 hommes tués et 40 blessés, dont le brave capitaine Padro, elles se rejetèrent au pas de course dans la tranchée. Les Arabes, enhardis par cette retraite précipitée, sortirent de tous les trous où ils se tenaient blottis, et se mirent à leur poursuite; arrêtés d'abord à la tête de sape et ensuite repoussés par une compagnie du 5e bataillon de chasseurs à pied, ils se retirèrent à la hâte, abandonnant quelques morts.

Si ce retour offensif avait été vigoureusement poussé, peut-être aurait-on pu arriver aux premières maisons, en même temps que les fuyards et s'y établir ; mais il n'en fut pas ainsi, aucune impulsion n'ayant été donnée ; et le colonel, chargé de l'attaque de gauche, au lieu de prendre l'initiative, vint lui-même, annoncer au général (1) la retraite des com-

(1) M. le lieutenant-colonel Pariset, le capitaine Lebœuf, officier d'ordonnance, le capitaine Gresley, aide de camp, étaient avec le général.

pagnies d'élite qui s'étaient portées bravement sur la brèche et demander des ordres. Cette nouvelle inattendue causa le plus grand étonnement et détruisit la confiance que l'on avait mise dans le succès de l'attaque de gauche.

Quant aux ordres à donner, le général se transporta de suite au pied de la brèche pour s'assurer quelle était la gravité de cet échec et voir s'il y avait moyen de le réparer. Il lui parut évident que le moment opportun pour un retour offensif n'ayant point été saisi, on avait perdu un temps précieux, et que c'était un second assaut qu'il fallait livrer pour atteindre les Arabes de nouveau retranchés dans leurs maisons. Opération fort grave, dont le succès était en ce moment douteux et à laquelle il dut renoncer ; car, à peine arrivé à l'attaque de gauche, il fut appelé à celle de droite, où il y avait un choc terrible entre les assiégeants et les assiégés. Ne pouvant se trouver en même temps aux deux attaques, il ordonna donc de se tenir prêt à tout événement, de relever les parapets, de rétablir le masque pour remettre la tranchée à l'abri de toute surprise de l'ennemi, et il se rendit à la brèche Nord.

A cette attaque de droite, les troupes d'assaut

avaient un grand obstacle à surmonter dans le passage du fossé que les Arabes défendaient avec la plus grande énergie ; ce fossé n'ayant point été comblé, le génie avait cru, ainsi qu'il a été dit plus haut, qu'il pourrait être franchi facilement en établissant une passerelle au moyen d'une charrette civile; cet essai n'avait pas été heureux, car, à sa descente dans l'eau, ce lourd véhicule ayant tourné sur lui-même, fut à demi renversé et placé parallèlement au mur d'enceinte. Cet obstacle imprévu ne put cependant pas arrêter l'élan des grenadiers du 43e de ligne, qui, n'écoutant que leur ardeur, se précipitèrent dans le fossé, malgré 1 mètre 30 cent. d'eau de profondeur, le traversèrent avec beaucoup de peine, gravirent l'escarpe et parvinrent à s'établir sur une berme de 1 mètre 50 cent. de largeur, où ils furent reçus à bout portant par des feux partant de tous les côtés, auxquels ils ne purent répondre, la plupart d'entre eux ayant leurs cartouches mouillées.

La passerelle projetée étant devenue inutile, l'artillerie, sans perdre de temps, essaya de la remplacer par un pont léger qu'elle avait préparé; mais les hommes qui le portaient furent tués ou blessés avant d'arriver au fossé. Alors le capitaine Graillet et le sergent-major Ribes, du génie, animés d'un entrain vraiment héroïque, se jetèrent à l'eau pour chercher un passage plus guéable que le premier ; ils en reconnurent un de 1 mètre 15 cent. de profondeur.

A la vue de cet acte de bravoure, les soldats du 43e, entraînés par l'exemple, mettent leurs cartouches sur leurs épaules, prennent la direction qui leur est indiquée, traversent le fossé et arrivent sur le talus d'escarpe qu'ils trouvent très-roide et très-glissant ; cependant, ils finissent par le franchir, et, aussi vite que peuvent le permettre leurs vêtements mouillés, ils gravissent les pentes de la brèche, qui sont moins praticables qu'on ne l'avait cru. Aussi, ce n'est qu'après les plus grands efforts, que plusieurs de ces braves gens atteignent le sommet, où ils cherchent à se maintenir, bien qu'aucun débouché ne s'ouvrît devant eux.

Malheureusement, ils ne purent être appuyés, car, quoique les troupes fussent animées de la plus énergique volonté, leur élan et leur entrain s'épuisaient en peines inutiles; la rampe près du fossé, formée de décombres, était tellement détrempée qu'elle était devenue impraticable; en outre, leurs habits trempés d'eau paralysaient leurs mouvements, et ce n'était qu'en se cramponnant aux moindres aspérités qu'ils pouvaient avancer sous le feu d'un ennemi entièrement caché et dont les coups étaient d'autant plus meurtriers qu'ils étaient tirés de très-près.

Il y avait plus d'une heure que ce combat inégal durait, sans que le 43e pliât, mais il n'avançait pas, et déjà il comptait 17 tués et 80 blessés, dont 4 capitaines, 2 lieutenants et le chef de bataillon Guyot, la plupart mortellement. Tous, frappés en cherchant à gagner le haut de la brèche, étaient revenus tomber presque à nos pieds (1). Après des pertes aussi sensibles, le général étant convaincu des difficultés matérielles que présentait un pareil assaut, fit enlever tous les blessés et ordonna au bataillon du 43e de se replier sous la protection du 1er bataillon de zouaves, dont une compagnie alla s'établir sur la contrescarpe.

Le commandant Bourbaki, pendant que ces combats avaient lieu, fut attaqué assez vivement par les gens de Lichana, qui furent repoussés

---

(1) Le général était sur le bord du fossé, du côté de la contrescarpe, ayant près de lui le colonel du 43e, son chef d'état-major, le colonel de Bretizel, et le lieutenant-colonel Pariset.

par le bataillon des tirailleurs indigènes; il y eut de part et d'autre quelques tués et blessés. Quant aux habitants de Farfar, et de Tolga, ils sortirent de leurs villages et se portèrent en armes sur la lisière de leurs oasis; mais, quand ils virent la cavalerie du colonel de Mirbeck et les dispositions prises par le colonel de Barral, ils hésitèrent un instant et finirent par se retirer après avoir échangé quelques coups de fusil.

Les pertes de cette journée s'élevèrent à 45 tués et 147 blessés. Le 43e de ligne eut à regretter le commandant Guyot, les capitaines Berthe, adjudant-major, Héros et Prévost, tous quatre morts à la suite de leurs blessures.

Ce nouvel échec jeta une espèce de consternation dans le camp, et, sous cette impression, on l'attribua uniquement à l'énergie de la défense, sans trop tenir compte des difficultés du passage du fossé, qui, en empêchant les deux colonnes, au signal donné, d'agir simultanément, avaient arrêté leur impulsion et avaient contribué à la faiblesse de l'attaque. Ces causes déterminèrent le général à ne pas prolonger plus longtemps cette lutte déjà trop meurtrière, et à remettre à un autre moment la prise de Zaatcha.

Il n'y avait pas à s'abuser sur les conséquences ultérieures de cet insuccès, qui avait été le résultat de l'idée généralement répandue que jamais les habitants de Zaatcha ne s'exposeraient à la prise de leur village, et que leur résistance cesserait du moment qu'ils verraient quelques pans de murailles abattus.

Mais la soumission n'a pas eu lieu et, si la résistance a continué, c'est que la colonne expéditionnaire n'avait pas les moyens nécessaires pour cette guerre d'oasis et pour le siége d'un village retranché au milieu d'une forêt de palmiers et défendu avec un acharnement sans exemple. L'effectif en infanterie était insuffisant pour tous les services à fournir ; le génie manquait de matériel et son personnel (1), surtout en officiers, était beaucoup trop restreint pour les travaux de cheminement que l'on avait à exécuter. Cependant, ces braves officiers, quoique continuellement exposés aux coups d'un ennemi qui les guettait comme une proie, n'en étaient pas moins sur pied jour et nuit, donnant l'exemple d'une

(1) L'effectif des sapeurs disponibles pour les travaux de sape, fut, après la réunion de tous les détachements, de 100 à 105 ; celui des officiers de 3 à 4.

grande abnégation ; et, si les travaux d'approche n'étaient ni achevés ni perfectionnés au moment de l'assaut, cela tenait à des obstacles imprévus, au manque de bras, de matériel et aussi à l'absence du brave colonel Petit, qui, dirigeant les travaux de son lit de douleur, ne pouvait rien voir par lui-même; sa grande expérience fit donc défaut, surtout dans les derniers jours.

L'artillerie avait, de son côté, fait preuve d'énergie dans la construction de ses batteries, et, si la grande quantité de projectiles lancés n'avait pas produit l'effet qu'on devait en attendre, on ne doit l'attribuer qu'à un armement insuffisant, à des munitions qui, datant du siége de Constantine, s'étaient avariées dans les magasins (1), et à la difficulté de diriger le tir avec succès sur des murs qui étaient entièrement cachés par les palmiers.

L'assaut n'aurait pas été prématuré, si les brèches avaient été praticables, ainsi qu'on l'avait espéré. Du reste, on ne connaissait pas encore complétement, à cette époque, l'homme

---

(1) Des quantités de projectiles creux furent trouvés plus tard dans la place, n'ayant pas éclaté.

énergique qui, par son ascendant sur ses coreligionnaires, nous opposait une si grande résistance. Après le 20 octobre seulement, on put se convaincre qu'il ne fallait pas espérer de voir les Arabes se soumettre devant une énergique démonstration, et que, pour se rendre maître de Zaatcha, il fallait en aller chercher les défenseurs jusqu'au fond de leurs demeures.

CHAPITRE VII.

L'insurrection s'étend dans le sud. — Continuation du siége. — Dispositions prises pour donner du repos aux hommes — L'artillerie exhausse ses batteries. — Construction d'une galerie blindée. — Communication entreprise entre la Zaouïa et l'angle nord-est de la place. — Les Arabes commencent à inquiéter les convois. — Le colonel de Mirbeck envoyé au défilé d'El-Outaïa. — Mesure prise pour assurer les communications. — Abatage des palmiers. — Précautions à prendre pour couvrir les travailleurs. — Arrivée du prince Pierre Bonaparte. — Sa conduite le 26 octobre, son départ. — Mort du capitaine Graillet, du génie. — Le capitaine Charles est chargé de la direction des deux attaques.

Le premier assaut n'ayant pas réussi, les défendeurs de Zaatcha encouragés par ce succès, devinrent plus audacieux et leur fanatisme s'en accrut, ainsi que l'influence de Bouzian dont la sainteté ne fut plus mise en doute chez les Arabes qui le considérèrent comme le protégé du prophète et le véritable étendard de la guerre sainte. Aussi, dès que la nouvelle de notre insuccès se fut répandue dans la province, le nombre de ses partisans augmenta, et des intentions hostiles se manifestèrent hautement dans toutes les oasis qui avoisinaient le Zab-Dahari : alors commença une série d'événements qui, en compliquant les opérations du siége, rendirent la position de la colonne expéditionnaire très-difficile.

Le général n'ayant pas à hésiter sur le parti à prendre, réunit de nouveau MM. les chefs de service pour leur faire part de sa ferme résolution de ne se retirer de devant Zaatcha qu'après la destruction de ce foyer de tous les soulèvements qui avaient lieu ; foyer qui, abandonné par ses habitants, n'était plus que le repaire de fanatiques exaltés et de gens sans aveu, accourus à l'appel d'un imposteur habile. Il ne leur dissimula pas, que ce n'était pas seulement contre ces rebelles que l'on allait avoir à lutter, mais encore contre les tribus qui nous entouraient. Il les prévint qu'une demande était faite à M. le gouverneur général pour que des troupes fussent envoyées dans le plus bref délai, et que l'on avait écrit à Constantine pour que des vivres et des munitions fussent expédiés sans retard.

La continuation du siége étant résolue, le premier soin à prendre fut de mettre le nombre des hommes à fournir pour les différents services en rapport avec un effectif bien diminué par les maladies et par le feu de l'ennemi ; ce qui nécessita l'abandon d'une partie des jardins extérieurs au front d'attaque. Cette suppression, en retirant un grand développement de murs à garder, réduisit de beaucoup le nombre des factionnaires et permit de donner quelque repos à la troupe.

Il fut donc arrêté avec l'artillerie que, jusqu'à l'arrivée des munitions, un tir lent serait continué sur le village de manière à y entretenir l'inquiétude, et que ce tir aurait aussi pour but d'élargir et d'approfondir les brèches qui n'étaient point aussi praticables qu'on l'avait cru ; car il fut reconnu que les projectiles en frappant les murs des maisons, sans en avoir atteint le pied, n'avaient produit que des amas de décombres derrière lesquels s'étaient blottis les assiégés pour tirer sur les hommes montant à l'assaut. On constata en même temps que le calibre des pièces employées était trop faible pour agir efficacement sur des constructions aussi solides que celles de ce village et que les terrasses fort épaisses étaient à l'épreuve des bombes de 0,16 centimètres.

Il y avait donc eu erreur dans l'appréciation de la force de résistance des murs de cette espèce de château féodal, contre lesquels les projectiles n'avaient produit que peu d'effet ; l'artillerie chercha immédiatement à rendre son tir plus destructif, en exhaussant ses batteries, afin de mieux découvrir le pied des murs, le sommet des brèches et de battre plus au loin l'intérieur du village avec des pièces de 12 que le général avait demandées à Constantine.

(*Planche III.*) Le génie reprit les travaux du siége, et bien qu'il ne pût, pour le moment, les avancer que lentement, il entreprit de suite, à l'attaque de gauche, la construction d'une galerie blindée pour aller placer deux fourneaux de mine sous les premières maisons du village d'où était parti le cercle de feu qui avait forcé les deux compagnies de la légion étrangère à se retirer rapidement. On commença en même temps un cheminement pour établir une nouvelle batterie (1) destinée à contre-battre les feux de la place, qui gênaient beaucoup l'établissement de cette galerie. Ces travaux furent vi-

(1) N° 7.

Nota. La batterie n° 7 n'est pas indiquée sur la carte ; elle figure à gauche du jardin n° 9.

goureusement inquiétés par les Arabes, qui comprenaient quel en était le but.

A l'attaque de droite, le cheminement vers l'angle nord-est de la place fut continué malgré les difficultés du terrain ; il fut souvent retardé par le feu plongeant du village et par les pierres que l'ennemi faisait sans cesse pleuvoir dans la tranchée et dont on ne pouvait se mettre à l'abri que par un blindage fait avec des fascines en branches de palmiers. Ce travail pénible n'empêcha pas d'établir la grande communication à droite de la Zaouïa, pour faire arriver en face de la brèche de droite les pierres nécessaires au comblement du fossé, dont le passage avait rompu, dès le début, l'ensemble des troupes et neutralisé leur élan.

Le service des transports s'était toujours fait avec la plus grande régularité et n'avait point encore été inquiété ; lorsque le 22 octobre des groupes nombreux d'Arabes se montrèrent de tous côtés pour attaquer le convoi des malades et des blessés, dirigé sur Biskra ; cachés derrière des plis du terrain, ou réunis sur la lisière des oasis, ils y attendaient avec la convoitise de la haine et du gain le moment de se jeter sur ce convoi, auquel s'étaient jointes des cantinières allant aux provisions : ils en furent empêchés par la bonne contenance de l'escorte qui rendit leur entreprise inutile.

Ce même jour 22 octobre le général apprenait par lettre du commandant de Bathna que les montagnards de l'Auress, au nombre de 4 à 500, étaient descendus dans la vallée d'El-Outaïa, pour guetter le passage des convois qu'ils avaient déjà plusieurs fois harcelés; il le prévenait en même temps qu'un envoi de poudre était dirigé sur Biskra, où il devait parvenir le 26 octobre, et qu'il serait urgent d'en assurer l'arrivée ; car les Arabes attachant beaucoup de prix à l'enlèvement d'un pareil transport l'attaqueraient probablement avec vigueur.

Il n'y avait donc pas de temps à perdre ; aussi à la pointe du jour le colonel de Mirbeck avec 150 chasseurs et 40 spahis partit du camp pour se rendre au défilé d'El-Outaïa, où il arriva presque en même temps que le convoi. Les Arabes, à la vue de cette cavalerie survenant inopinément, abandonnèrent leur projet et se retirèrent sans cependant s'éloigner beaucoup.

Les Chaouïas (1) de l'Auress, réunis à quelques

---

(1) Les montagnards du Djebel-Auress sont connus sous le nom de Chaouïas.

groupes des O-Solthan et des Lakdars, étaient un voisinage très-dangereux pour la route, qu'ils pouvaient intercepter d'un moment à l'autre, et pour les convois dont ils épiaient le passage. Il fallait donc déjouer leur projet, en leur opposant la vigilance et la promptitude. Le colonel de Mirbeck fut chargé de cette mission, en l'investissant du commandement du peu de troupes laissées à Bathna et à Biskra, et en l'autorisant à prendre toutes les dispositions nécessaires pour assurer la route et la sécurité des alentours.

Toutes ces tentatives plus ou moins menaçantes, qui avaient pour but de couper les communications du camp à Biskra, et de Biskra à Bathna, ou de les rendre très-difficiles, étaient de la plus grande gravité et compliquaient énormément les opérations du siége. Il fallut cependant faire face à ces nouvelles difficultés, tout en continuant les travaux entrepris pour abattre les obstacles matériels qui nous arrêtaient devant la place de Zaatcha, dont les défenseurs étaient plus que jamais secondés ostensiblement par les habitants des oasis les plus rapprochées, surtout par ceux de Lichana, qui alimentaient la résistance en recevant et en hébergeant les gens venant de tous côtés pour se joindre à Bouzian.

Cette conduite des plus hostiles, manifestée avec arrogance, était d'un exemple déplorable, et comme on ne pouvait atteindre les coupables qu'en les attaquant par leurs intérêts, le général prit donc le parti de faire abattre leurs palmiers, principale fortune du pays. Ce moyen, que les beys de Constantine avaient été forcés d'employer pour soumettre les oasis rebelles, ayant eu alors quelques succès, il espérait que cette mesure rendrait les Arabes de Lichana beaucoup moins audacieux et les engagerait peut-être à rompre avec ceux de Zaatcha.

L'abatage des palmiers n'était point chose nouvelle; on y avait eu recours dès le jour de notre arrivée, dans le but de déblayer le terrain sur lequel le génie entreprenait ses travaux de cheminement, de se procurer les bois nécessaires à la construction des batteries et de débiter des rondins pour remplacer les sacs à terre qui manquaient. On avait aussi abattu quelques groupes, les moins éloignés du camp, qui compromettaient la circulation. Ces diverses coupes s'étaient faites jusque-là sans difficultés; mais il n'en fut pas de même lorsqu'on s'éloigna du camp; les habitants propriétaires, se trouvant plus à l'abri de nos coups, se réunirent et ne laissèrent pas la hache frapper leurs dattiers, sans une vive opposition.

Chaque opération de cette nature devenait un véritable combat, si, avant de la commencer, on n'avait pas eu le plus grand soin d'occuper tous les murs qui entouraient le point où l'abatage des palmiers devait avoir lieu, et d'y placer avec intelligence des troupes, non-seulement pour protéger les travailleurs, mais encore pour fermer toute issue aux Arabes. Ces dispositions prises, le travail se faisait dans le plus profond silence ; on n'entendait que le bruit de la hache et celui de l'arbre, qui, coupé à sa base, tombait lourdement ; mais si la moindre négligence avait été commise, l'indigène en profitait pour se glisser entre les travailleurs et les postes, et, au moment où l'on était le plus occupé, une vive fusillade éclatait ; les hommes surpris quittaient le travail avec précipitation et les troupes destinées à les soutenir, prises entre deux feux, avaient alors une lutte à soutenir pour rentrer au camp.

Ce fut à cette époque que le prince Pierre Bonaparte rejoignit la colonne expéditionnaire ; il prit le commandement du bataillon de la légion étrangère, et, le lendemain de son arrivée (22 octobre), il fut commandé de tranchée, où on le vit prendre son service avec un air de gaieté, d'assurance et de franchise qui plut à tous. Aussi, quand deux jours après, dans une circonstance très-difficile, il déploya la plus grande vigueur et qu'il donna l'exemple du plus grand sang-froid, personne n'en fut étonné.

(*Planche II.*) L'ordre ayant été donné d'abattre le massif de palmiers le plus rapproché de la gauche du camp, le 25 octobre, à 7 heures du matin, 200 hommes de la légion étrangère et 200 du 3ᵉ bataillon d'Afrique partirent de la tranchée sous les ordres du commandant Bonaparte et dirigés par le colonel Carbuccia. Ils occupèrent les jardins qui étaient à la tête de l'Oued Kelbi, pour de là être répartis de manière à protéger les travailleurs.

Le colonel, après avoir pris toutes les dispositions qu'il crut nécessaires pour se garantir des coups de l'ennemi, fit commencer le travail que l'on continua quelque temps sans être inquiété. Mais les Arabes s'étant cachés pour suivre tous nos mouvements, se réunirent peu à peu et principalement au saillant du mur qui s'étend jusqu'à la plaine, et, lorsqu'ils se virent en nombre, ils débusquèrent tout à coup et attaquèrent avec vigueur le poste chargé de la surveillance de ce point. Le capitaine Buttet, du 3e bataillon d'Afrique, qui commandait ce poste, fut blessé dès les premiers coups de feu; deux chasseurs furent tués près de lui et plusieurs autres blessés. Cette position importante, assaillie de tous côtés, fut alors abandonnée, et les Arabes, n'étant plus arrêtés, s'élancèrent immédiatement sur le mur, parurent sur tous les points et se glissèrent entre les postes et les travailleurs.

Surpris d'une attaque aussi imprévue, les différents postes de la légion étrangère et du bataillon d'Afrique s'exagérèrent le danger et, par une retraite précipitée, laissèrent à découvert les travailleurs, qui, ne se voyant plus appuyés, cherchèrent à se mettre au plus vite à l'abri des coups de fusil, de pistolet, et à se garantir des pierres dont ils étaient atteints. Ce fut alors que le prince Bonaparte se mit à la tête de vingt-cinq grenadiers de la légion étrangère, qui formaient un peloton de réserve, commandé par le capitaine Niko; il rétablit l'ordre, soutint le détachement du bataillon d'Afrique, arracha le corps d'un grenadier des mains d'un Arabe qu'il tua d'un coup de pistolet, et alla ensuite prendre position dans un jardin à trente mètres du mur que nous avions quitté ; il s'y maintint et arrêta l'ennemi. Dans le même moment le sergent Shmitter, placé à peu de distance sur un petit mamelon avec dix grenadiers, s'y faisait tuer en résistant bravement aux Arabes qui étaient venus l'attaquer.

Aussitôt que le général fut informé de ce qui se passait, il se rendit sur les lieux avec le bataillon du 1er zouaves et celui des tirailleurs indigènes qu'il fit diriger à droite et à gauche des jardins, pour cerner les Arabes, et, pendant que ce mouvement s'opérait, l'ordre fut donné au colonel Carbuccia de battre en retraite, ce qu'il fit sous la protection des deux bataillons qui étaient venus à son aide. Quant aux Arabes, ils se retirèrent lorsqu'ils virent de nouvelles troupes et la direction qu'elles prenaient. Les corps de deux soldats, une caisse de tambour et des outils restèrent dans leurs mains.

Notre perte fut de six tués et de vingt-deux blessés, dont trois officiers ; elle eût été plus considérable sans la présence d'esprit et le sang-froid du prince Bonaparte, qui, quelques jours après, dut quitter la colonne expéditionnaire des Ziban pour se rendre à l'Assemblée nationale.

Cette interruption dans l'abatage des palmiers, les outils abandonnés et la retraite un peu trop prompte des troupes avaient donné aux Arabes une grande confiance dans leurs forces; le général ne voulut pas les laisser longtemps dans ces dispositions d'esprit, et le lendemain (26 octobre), à la pointe du jour, il fit reprendre cette opération sous la direction du chef de bataillon Bourbaki, qui plaça lui-même les postes, échelonna les tirailleurs et fit occuper les murs avec un tel soin, toutes les issues furent si bien fermées, que quand les Arabes, encouragés par le succès de la veille, se montrèrent pour nous inquiéter, ils furent reçus par un feu si vif qu'ils s'éloignèrent de suite et ne tirèrent que de fort loin. Les travailleurs purent donc remplir leur tâche avec sécurité, et 150 hommes du bataillon indigène, relevés d'heure en heure par le même nombre, abattirent en quatre heures et demie le rideau épais de palmiers qui permettaient aux gens de Lichana de venir tirer sur l'extrême gauche du camp et sur les hommes allant aux fontaines. Ce travail achevé, les troupes se retirèrent dans le plus grand ordre, et il n'y eut ni tués ni blessés de notre côté.

Pendant que l'on sévissait contre les gens de Lichana par l'abatage de leurs palmiers, les défenseurs de Zaatcha firent une sortie et vinrent se faire tuer sur les baïonnettes des hommes du 38e de ligne, de service aux tranchées. Exalté par le fanatisme, un des leurs, se glissant jusqu'au parapet de la galerie, voisine de la batterie Besse, introduisit le canon de son fusil entre deux rondins de palmiers, fit feu, et la balle, tirée à bout portant, tua roide le capitaine Graillet, du génie, au moment où il donnait des ordres pour la continuation des travaux. Cette mort fut d'autant plus regrettable que cet officier, plein de cœur et de dévouement, avait été chargé depuis 48 heures de la direction des attaques, en remplacement du colonel Petit, qui, après avoir été blessé grièvement le 9 octobre, n'abandonna les opérations du siége que lorsque des symptômes alarmants s'étaient manifestés et lui avaient fait comprendre la nécessité d'être évacué.

C'était le quatrième officier du génie que la colonne expéditionnaire perdait depuis notre arrivée devant l'oasis de Zaatcha, perte énorme pour cette arme, qui, comme on l'a déjà dit, avait à lutter contre des difficultés immenses. Le capitaine Charles remplaça M. Graillet, et laissa la direction des travaux de l'attaque de gauche au capitaine Laberge.

CHAPITRE VIII.

Embarras extérieurs suscités par les rebelles. — Hamed-ben-Hadje se dirige sur Sidi-Okba. — Mouvement hostile à Bouçada. — Les nomades quittent le Tell pour se rendre dans le Sahara. — Le cheik El-Arab. — Effectif réduit. — Reconnaissance de cavalerie attaquée par les nomades. — Combat de Sidi-Rouak. — Attaque des tranchées par les gens de Lichana et de Zaatcha. — Démonstration sur le camp. — Conséquences de l'arrivée des nomades. — Convois et fourrages inquiétés. — Les Arabes incendient la galerie blindée.

Cette défense acharnée, tout à fait exceptionnelle, n'aurait probablement pas eu cette ténacité, si les rebelles n'avaient pas été encouragés par l'espérance de nous forcer à abandonner le siége, en nous suscitant de grands embarras extérieurs, qui, faisant diversion, devaient nous contraindre à disséminer les troupes. En effet, on ne put en douter, lorsque, le 27 octobre, le général apprit que Hamed-bel-Hadje, cet ancien kralifat d'Abd-el-Kader, dont il a déjà été question, avait fini, après de longues hésitations, par quitter Souf avec quelques contingents, et qu'il se dirigeait sur Sidi-Okba, où il avait de nombreux partisans. Cette nouvelle ayant jeté une grande inquiétude parmi ceux des habitants de cette localité qui étaient du parti de notre caïd, il écrivait : « qu'il redoutait de voir ses administrés en venir aux mains, et que l'ancien kralifat, ayant conservé de l'influence dans le pays, sa présence y causerait le plus grand trouble. »

Il fut confirmé en même temps que la faible garnison laissée par le colonel de Barral à Bouçada avait été effectivement attaquée par le marabout Chabira, originaire de cette ville, qui avait marché contre elle avec une partie de la population. Heureusement ce mouvement hostile avait été arrêté, à son début, par le capitaine Pein, chargé du bureau arabe, et par le kralifat Akmed-ben-Mohammed-el-Mokrani. Cette agression pouvant se renouveler, on dirigea sur Bouçada une petite colonne, sous les ordres du colonel Canrobert, partant d'Aumale.

Mais l'événement le plus grave, qui devait compliquer considérablement notre position devant Zaatcha, fut l'arrivée des nomades du cheik El-Arab, qui venaient de quitter leurs campements du Tell, pour reprendre ceux du Sahara, et cela malgré les ordres les plus formels que le général avait donnés à Constantine pour empêcher ce mouvement. Aucune des dispositions prescrites n'ayant été prises pour y mettre obstacle, ils émigrèrent comme de coutume, quoiqu'on sût fort bien qu'une fois rapprochés de leurs campements d'hiver, ces enfants du désert, parents et alliés des habitants des oasis, embrasseraient immédiatement la cause des rebelles.

Le cheik El-Arab, surnommé le Serpent du désert, on ne sait pourquoi, vint confirmer la nouvelle que les nomades avaient forcé le passage du Tell au Sahara. Le général le questionna sur les intentions de ses administrés du désert, et il l'engagea à employer toute son influence pour les empêcher d'embrasser une cause qui serait tôt ou tard sévèrement punie. Il lui exprima, en outre, le désir de voir les Daouda, ainsi que les principaux membres de sa famille, aller au-devant d'eux et assister à leur campement. Ce grand chef fut incapable de prendre aucune détermination, et, comme d'ailleurs il avait perdu toute autorité sur les nomades, il comprit qu'il n'en serait pas écouté; son concours, qui, dans cette circonstance, aurait été d'une grande utilité, devint donc nul, et il fallut se préparer à lutter contre un nouvel ennemi, sur un territoire qui lui était connu.

L'arrivée de l'ancien kralifat de l'émir et celle des nomades, en augmentant la confiance des insurgés, allaient évidemment déterminer un soulèvement plus étendu et plus compacte parmi les habitants des oasis, et donner aux tribus limitrophes du Sahara un grand encouragement à la révolte. Pour s'opposer à toutes les entreprises de ces ennemis qui enveloppaient la colonne expéditionnaire, le général n'avait à sa disposition, à la date du 26 octobre, qu'un effectif de 5,152 hommes de toutes armes, au lieu de 6,040 qui existaient le 15 octobre, après l'arrivée du colonel de Barral. Cette réduction provenait des pertes causées par le feu de l'ennemi et par les maladies, suite inévitable d'un séjour prolongé dans un camp établi au milieu des sables, où l'eau était saumâtre et où la nourriture ne pouvait être variée. Aussi, était-ce avec la plus

grande impatience que l'on attendait les renforts.

(*Planche III.*) Pendant cette attente, le génie consolidait ses travaux, les avançait même en terminant, à l'attaque de droite, le passage du fossé qui avait 4 mètres 50 cent. de largeur et qui fut élevé au-dessus du niveau de l'eau de 70 centimètres; à l'attaque de gauche, la sape blindée arrivait aux deux tiers du fossé.

L'artillerie, de son côté, ayant exhaussé ses batteries (1), continuait son feu qui, en produisant de nombreux éboulements, faisait découvrir des murs qu'il fallait encore chercher à abattre. La coupe des palmiers avait aussi continué, et tous les jardins, du côté de l'Oued-Kelbi, d'où les Arabes pouvaient inquiéter les travaux d'attaque de gauche, avaient été entièrement rasés.

La cavalerie ne restait pas non plus inactive. Deux cents chevaux, sous les ordres du colonel de Mirbeck, avaient été envoyés à Biskra, pour assurer la communication de ce point à Bathna; il en restait au camp deux cent soixante, em-

(1) Batteries nos 5 et 8.

ployés à l'escorte des convois et à faire des reconnaissances aux alentours des oasis. Ce service avait pour but d'inquiéter les contingents se rendant à Zaatcha, et de gêner le passage des Arabes d'une oasis dans une autre ; il se faisait de concert avec les goums du cheik El-Arab.

Ces reconnaissances n'avaient pas encore rencontré l'ennemi, lorsque celle envoyée entre Farfar et Tolga, le 30 octobre, à 4 heures du soir, fut vivement attaquée et se replia sur le camp. Averti de cette attaque, le général fit monter toute la cavalerie à cheval ; celle-ci, appuyée de deux compagnies de tirailleurs indigènes et de deux du bataillon d'Afrique, se porta rapidement entre ces deux oasis, où plusieurs charges furent exécutées par des pelotons du 3ᵉ chasseurs et du 3ᵉ spahis contre des groupes de cavaliers arabes répandus dans la plaine, qui, après une courte résistance, se retirèrent en laissant quelques tués sur le terrain.

La nuit étant arrivée, toute poursuite devenant impossible, la cavalerie rentra au camp, rapportant un chasseur tué et dix blessés.

Le lendemain, dès le matin, le général monta à cheval, prenant avec lui les deux cents chevaux

de cavalerie qu'il y avait au camp, les goums du cheik El-Arab, deux compagnies de chasseurs à pied et deux pièces de montagne. Son intention était de s'assurer quels étaient les Arabes qui, la veille, avaient attaqué la reconnaissance, ce qui ne fut pas long; car, après avoir dépassé l'oasis de Farfar et s'être avancé dans la plaine, il vit les cavaliers nomades sortir des oasis et surgir de tous côtés : dispersés par groupes, ils manœuvrèrent avec le projet de l'entourer. Derrière eux se tenaient, sur la lisière de l'oasis de Tolga, une nuée de fantassins dont la plupart étaient armés de fusils, de pistolets.

A la vue d'un ennemi aussi nombreux, ne pouvant se retirer sans s'exposer à être coupé de la route et à être vigoureusement harcelé, et ne voulant pas du reste paraître craindre un engagement avec les Arabes, le général envoya au camp demander des renforts et se dirigea sur le monticule où se trouve le marabout de Sidi-Rouak, qui était peu éloigné. Dès que les nomades s'aperçurent de la direction qu'il prenait, ils se portèrent si rapidement de ce côté pour lui barrer le chemin, que les groupes les moins éloignés arrivèrent à environ 100 mètres sur sa gauche, au moment où il prenait position à Sidi-

Rouak. Mais la cavalerie, qui suivait à quelque distance les voyant venir, n'hésita pas un instant, elle les chargea avec la plus grande vigueur, les mit en fuite, et les poursuivit même avec beaucoup trop d'ardeur, car quelques pelotons s'étant trop avancés furent compromis, et ne purent être dégagés qu'après plusieurs charges successives, dans lesquelles les chasseurs et les spahis rivalisèrent de courage pour arracher les blessés des mains de l'ennemi.

L'occupation du monticule de Sidi-Rouak étant devenue dès lors inutile, le général l'abandonna, et suivit la cavalerie en s'avançant dans la plaine, appuyé par deux obusiers de montagne et quatre compagnies envoyés du camp. Ce mouvement offensif détermina la retraite immédiate des nomades, qui furent maintenus au loin par le tir des obusiers. Quant à la multitude d'hommes en burnous blanc, et de femmes qui se tenaient sur la lisière de l'oasis de Tolga, quelques obus lancés au milieu d'eux et le feu des chasseurs à pied durent y causer un grand ravage, si on en juge par les fluctuations produites dans cette foule, et par la rentrée précipitée du plus grand nombre dans les jardins.

Il était trois heures après midi, la troupe était fatiguée, n'ayant eu aucun repos depuis la sortie du camp; de plus la poursuite des rebelles, qui avaient pour refuge les murs des jardins et des forêts de palmiers, aurait été une grande imprudence. La retraite fut donc ordonnée : elle se fit avec calme, quoique nous fussions suivis jusqu'auprès du camp par une partie des cavaliers nomades et par les habitants des oasis.

Cette affaire de Sidi-Rouak nous coûta 3 tués et 25 blessés dont deux officiers. La perte de l'ennemi, en prenant la moyenne des rapports qui furent adressés, a dû être d'une centaine d'hommes, tués ou blessés.

Pendant ce combat contre les nomades, 5 à 600 Arabes sortirent de Lichana et de Zaatcha, et se portèrent sur le sape de gauche, sur les jardins de l'attaque de droite et successivement sur toute la ligne qui garantissait les tranchées, espérant trouver quelques points dégarnis et par conséquent accessibles ; repoussés partout, ils se retirèrent en abandonnant deux morts au pied des retranchements. Irrités de cette résistance, ils se réunirent ensuite et vinrent en force faire une démonstration sur le camp.

Le lendemain, les gens de Bouchagroun, Farfar, Lichana, Zaatcha et Tolga, accompagnés des nomades, renouvelèrent cette démonstration. Ils arrivèrent avec l'intention de nous attirer vers les oasis ; défilés derrière tous les accidents du terrain, ils cherchèrent à engager un combat de tirailleurs ; mais l'ordre ayant été donné de ne point bouger, on ne répondit pas à leur feu.

Enfin, après trois heures de provocation et d'attente, un groupe nombreux de cavaliers et de fantassins qui se tenait à 600 mètres en arrière, se découvrit subitement pour se rapprocher. L'artillerie, saisissant avec promptitude ce moment, leur lança trois boulets qui tombèrent au milieu d'eux. A la chute de ces projectiles, on vit plusieurs cavaliers et chevaux rouler sur le sable. Ce fut le signal d'une retraite générale. Tous disparurent, comme par enchantement.

Ainsi, l'arrivée des nombreuses tribus nomades produisit une grande surexcitation chez les rebelles de la région des oasis, surtout dans le Zab-Dahari, où ils étaient pour la plupart propriétaires de dattiers ; et comme, par leurs nombreux cavaliers et leurs campements, ils étaient maîtres de la plaine, ils dominaient donc tout le pays. Le cheik El-Arab, n'ayant conservé parmi eux que la déférence due au prestige du nom de sa famille, n'avait d'autorité que celle émanée du pouvoir français dont il était l'intermédiaire et qui était nulle en ce moment. Ces enfants du Sahara n'étant donc maintenus par aucun frein, se répandirent au loin, enlevèrent les courriers porteurs des dépêches, inquiétèrent la route du camp à Biskra, au point que l'on fut forcé de faire escorter les convois par un fort bataillon, ayant avec lui 100 chevaux et une pièce de montagne, et de soutenir par de forts détachements d'infanterie les cavaliers, muletiers et chameliers qui s'éloignaient pour aller arracher le chiay, plante fourragère dont se nourrissent les chameaux et que l'on donnait, faute d'autre, aux chevaux et mulets.

Cependant il fallait répondre aux exigences d'un service aussi multiplié avec un effectif qui ne dépassait pas 4,716 hommes disponibles ; mais quoique la responsabilité pesât entièrement sur le général, il était sans inquiétude en voyant l'abnégation, la patience, l'activité, le courage de ses soldats, qui, ne se comptant pas, répondaient sans aucune plainte à l'appel du devoir.

Malgré toutes ces agressions qui nécessitaient des prises d'armes continuelles, les travaux du siége n'en continuaient pas moins, et les Arabes, défenseurs de Zaatcha, suivaient avec anxiété leurs progrès. Car ils ne voyaient pas sans crainte l'effet produit par le canon depuis que les batteries avaient été exhaussées et que le tir des mortiers avait été mieux dirigé (1). Ils comprenaient aussi que les masques qui avançaient peu à peu, que les galeries qui gagnaient en même temps sur le fossé déjà comblé vis-à-vis les brèches, finiraient à arriver jusqu'au pied des murs de la place. Bien décidés à se défendre, ils résolurent de détruire ces ouvrages avancés, en les incendiant.

Le 5 novembre, à 8 heures du soir, par une nuit très-obscure, ils allumèrent autour de Zaatcha de grands feux qui éclairèrent tout à coup le camp ; puis franchissant le fossé hors de notre vue, ils coururent vers la sape de droite

(1) Les bombes effrayaient les Arabes, mais produisaient peu d'effet ; l'épaisseur des terrasses résistait à leur choc.

avec des torches allumées; mais, frappés par un coup de mitraille d'une pièce de 8, il furent ébranlés et n'osèrent s'aventurer plus loin.

Il n'en fut pas de même à l'attaque de gauche, dont les travaux beaucoup plus rapprochés de la place donnèrent aux Arabes la facilité d'entourer de feux la tranchée, de jeter du bois sec sur le masque, sur la galerie blindée, de lancer des torches enflammées, de l'huile, du goudron, et d'attiser le feu avec de grandes perches; une fusillade très-vive ne put les arrêter dans leur tentative, et ce ne fut qu'à 11 heures du soir, au lever de la lune, qu'il fut possible de juger des dégâts causés par cet incendie. Cependant l'ennemi ne put pénétrer nulle part, et le lendemain, vers 10 heures du soir, il lança de nouveau des matières inflammables sur le blindage de la tête de sape, qui prit feu et fut perdu dans toute sa longueur; il y eut même un moment où la batterie de montagne fut gravement compromise.

Telle était dans les premiers jours de novembre la défense opiniâtre des Arabes que Bouzian avait réunis, et ce qu'était devenue cette rébellion restreinte d'abord, et dont la violence avait grandi par la défection des nomades et par l'hostilité hautement déclarée de toutes les oasis. Mais rien n'était désespéré; car Zaatcha tombant, tout rentrerait dans l'ordre: pour arriver à ce résultat, il fallait le renfort des troupes que l'on avait demandées, et qui étaient impatiemment attendues.

CHAPITRE IX.

Arrivée du colonel Canrobert venant de Bouçada. — Il enlève un troupeau de moutons à une fraction de tribu saharienne. — Sa colonne apporte le choléra avec elle. — Retour d'une partie de la cavalerie. — Le colonel Carbuccia remplace le colonel de Mirbeck à Biskra. — Construction d'une redoute. — Arrivée du commandant LeBrettevillois, du génie. — Il prend la direction des travaux. — Corvée du fourrage attaquée. — Combat de Sidi-Merazzi. — Défaite des nomades. — Assassinat du caïd Si-el-Bey. — Mauvaises dispositions des Saharis et des Ouled-Déradje. — Travaux d'investissement. — Les Arabes inondent les tranchées. — Le choléra prend une grande extension. — Arrivée du lieutenant-colonel de Lourmel avec deux pièces de 12 et un renfort d'infanterie. — Formation de la colonne en trois brigades.

Les opérations du siége de Zaatcha n'auraient pas été prolongées au delà de toute prévision si, dès le début, la province de Constantine avait eu les troupes nécessaires pour faire face à toutes les éventualités; mais les renforts venant d'Aumale, d'Alger et même d'Oran, et arrivant à des époques plus ou moins éloignées, laissaient aux habitants des oasis et aux Arabes des tribus voisines du Sahara la latitude d'agir avec impunité. Pendant ce temps, le général faisait tous ses efforts pour repousser les attaques du dehors, tout en continuant le cheminement vers les murs du Bordj ; aussi, les forces de ses troupes s'épuisaient, et, dans les premiers jours de novembre, il fut impossible de fournir à l'artillerie et au génie le nombre de travailleurs demandés pour la continuation des travaux.

On luttait donc contre de grandes difficultés, lorsque, le 8 novembre, la colonne qui avait été envoyée d'Aumale à Bouçada pour rétablir l'ordre momentanément troublé, arriva à Zaatcha, sous les ordres du colonel Canrobert. Pendant la route de Bouçada au camp, cet officier supérieur ayant rencontré une petite fraction de tribus sahariennes, lui enleva un troupeau de 3,000 moutons et chèvres. Cette prise, distribuée aux troupes, répandit un moment de joie parmi elles; car il faut peu de chose au soldat pour lui faire oublier ses privations et ses fatigues.

L'arrivée de cette colonne, forte de 1,210 hommes, en faisant renaître l'espérance, produisit un très-heureux effet sur les troupes. Elle fut donc reçue avec bonheur, quoiqu'elle traînât à sa suite le choléra qui, avec une rapidité extraordinaire, atteignit les hommes du 3e bataillon d'Afrique, ceux du 3e chasseurs à cheval d'Afrique et sévit ensuite sur tous les autres corps. Il fallut combattre immédiatement ce fléau en isolant le plus possible les cholériques du camp. A cet effet, le sous-intendant Bazire, dont le zèle intelligent ne se démentit pas un instant pendant cette expédition, établit à l'extrême gauche nord-est une ambulance assez éloignée pour qu'elle fût hors de la vue, et que les gémissements des malheureux atteints de cette cruelle maladie ne fussent pas entendus.

Ce renfort permit au général de rappeler une portion (1) de la cavalerie qu'il avait envoyée à Biskra, sous les ordres du colonel de Mirbeck, pour assurer la communication de ce point à Bathna. Cette arme était devenue indispensable pour l'opposer aux attaques des cavaliers nomades, de jour en jour plus audacieux et plus entreprenants. M. de Mirbeck rentra le 10 no-

(1) 150 chevaux.

vembre; il fut remplacé par le colonel Carbuccia, commandant supérieur de la subdivision de Bathna, qui retourna à son commandement avec des instructions relatives à l'établissement, à Biskra, de locaux destinés aux cholériques, aux mesures propres à conserver la sécurité des routes et à la politique à tenir avec les chefs arabes; il partit avec le bataillon de la légion étrangère, afin de remplacer celui du 43ᵉ, rentré au camp avec la cavalerie.

(*Planche II.*) Tous ces mouvements de troupes, qui auraient dû faire voir aux Arabes que notre intention n'était point de nous retirer, ne les intimidèrent pas; car, ne pouvant plus approcher du camp vers la partie nord-est, que l'on avait dégagée par l'abatage des palmiers, ils se portèrent au nord-ouest; et, dans la soirée du 10 novembre, étant sortis des jardins d'Aïn-Fouar, ils arrivèrent assez près des tentes pour que leurs balles tombassent au milieu d'elles. Comme il était possible que cette attaque nocturne fût renouvelée, le génie proposa la construction d'une petite redoute qui, placée entre Aïn-Fouar et Aïn-Meïoub, couvrirait l'espace vide entre ces deux points. Reconnaissant dans cette proposition une grande sécurité pour le camp, le général décida qu'elle serait mise à exécution dès le lendemain, 11 novembre.

A cet effet, le 43e de ligne se rendit à six heures du matin sur l'emplacement où devait s'élever cet ouvrage avancé, et il y travailla jusqu'à huit heures du matin sans être inquiété. Mais, au moment où il fut relevé par un détachement du 38e de ligne et du 3e bataillon d'Afrique, les Arabes engagèrent une vive fusillade avec les postes, que l'on plaçait pour couvrir les travailleurs. Ils avancèrent résolûment, enlevèrent un grenadier du 38e de ligne, qu'ils décapitèrent à l'instant même, et après avoir enduit sa tête d'une couche de miel, ils l'exposèrent en plein soleil sur la brèche, d'où on la fit disparaître par un éclat d'obus, pour ôter à la vue des hommes un spectacle aussi pénible.

Le général ayant vu, du camp, nos postes fortement engagés et les Arabes cherchant à les déborder, monta à cheval et se porta rapidement à la redoute, dont le travail avait été arrêté. A son arrivée, un retour offensif ayant été fait avec la plus grande vigueur, l'ennemi se retira à la hâte dans les jardins : il reparut un instant après, et, malgré tous ses efforts, il ne put empêcher la construction de cet ouvrage, qui fut achevé et immédiatement occupé.

Cette affaire nous coûta 5 tués et 14 blessés, parmi lesquels le capitaine d'état-major de Tugny, qui était chargé de diriger ce travail. Le lieutenant Peyssard, du 3e bataillon d'Afrique, se fit remarquer par son entrain et par l'élan qu'il imprima aux hommes de son détachement.

Ce même jour, M. Le Brettevillois, chef de bataillon du génie, arriva au camp en remplacement du colonel Petit. Il amenait avec lui 2 officiers et 30 sapeurs, et, ayant pris la direction des travaux le jour même de son arrivée, il organisa immédiatement son service en donnant au capitaine Schemmagel, nouvellement arrivé, la conduite des travaux de l'attaque de droite et chargea le capitaine Laberge de ceux de gauche. Il fut décidé que l'on chercherait à investir la place, si on ne rencontrait pas de trop grandes difficultés, puis que, suivant les circonstances, on ouvrirait une ou plusieurs brèches vers la partie ouest de l'enceinte du village qui était encore intacte.

Les opérations du siége furent, dès ce moment, suivies avec plus d'ensemble, et, bien que les différents détachements arrivés au camp n'eussent porté l'effectif général qu'à 6,118 hommes disponibles(1), il fut possible de donner au génie et à l'artillerie une grande partie des travailleurs dont ces deux armes avaient besoin : en même temps, avec l'aide de la cavalerie, qui comptait 512 chevaux disponibles, on put faire repentir les nomades de leur audace, qui était basée sur leur conviction que le général n'avait pas à sa disposition les forces nécessaires pour les châtier.

Ces cavaliers nomades, grands coureurs et pillards, étaient une plaie qui, ajoutée aux ravages du choléra et aux fatigues d'un siége difficile, fit de cette opération militaire une guerre tout à fait exceptionnelle ; elle ne put être jugée et appréciée que par ceux seulement qui en suivirent toutes les péripéties ; car il fallait être sur les lieux pour se rendre compte de ces luttes continuelles contre des assiégés fanatiques et contre ces nomades rôdant sans cesse aux alentours du camp, épiant toutes les sorties des détachements et des corvées ; celles surtout du fourrage paraissaient avoir pour eux un attrait particulier.

(*Planche II.*) Ayant été prévenu qu'ils proje-

---

(1) L'effectif, à la date du 15 octobre, était de 6,040 hommes.

taient d'attaquer cette corvée, qui se faisait à une assez grande distance, le général ordonna, le 12 novembre, au colonel de Mirbeck, de prendre toute la cavalerie pour le fourrage ; il la fit accompagner par le bataillon de tirailleurs indigènes et par une pièce de montagne. Le fourrage se fit tranquillement; mais au retour, les nomades, couverts par un mouvement du terrain, cherchèrent à entourer cette petite colonne, pendant que des fantassins, sortant en grand nombre de l'oasis de Bouchagroun, s'avancèrent hardiment sur son flanc gauche ; les troupes continuèrent à marcher dans le plus grand ordre et d'un pas accéléré. Les Arabes, trompés par ce simulacre de retraite, précipitèrent leur course, et lorsque le colonel de Mirbeck les vit assez près pour être attaqués avec succès, il fit un signal convenu. Aussitôt, les chasseurs et les spahis jetèrent le fourrage que portaient leurs chevaux, et appuyés par le bataillon indigène, ils se lancèrent sur cet ennemi entreprenant, qui se sauva à toutes jambes, en laissant le terrain couvert de tués et de blessés.

Pendant que cette charge s'exécutait sur les fantassins arabes, un escadron du 3e chasseurs tourna le mamelon du marabout Sidi-Merazzi, et se rencontra avec les cavaliers ennemis, qui, à leur vue, tournèrent bride ; en ce moment, un escadron du 1er chasseurs arriva sur leur derrière et leur coupa la retraite. Les nomades auraient été probablement écrasés, si les goums du kralifat Mokrani, ayant devancé les deux escadrons, ne se fussent mêlés avec eux. Les chasseurs ne pouvant les reconnaître, les frappèrent indistinctement d'estoc et de taille. Les ennemis furent involontairement favorisés dans cette lutte par nos amis ; les uns et les autres se dérobèrent au plus vite aux coups de nos chasseurs. Dans cette mêlée, trois hommes importants du goum du kralifat Mokrani furent tués. Toutefois, la leçon fut sévère pour les nomades. La retraite ne fut pas inquiétée, et, de ce jour, le fourrage put se faire sans être troublé.

Nous eûmes dans ce petit combat trois hommes tués et six blessés. La perte de l'ennemi dut être considérable, si l'on en juge par le découragement qui se manifesta, personne n'ayant suivi la colonne à son retour.

Cette défaite des nomades à Sidi-Merazzi, où ils perdirent plusieurs de leurs grands, les rendit beaucoup moins entreprenants; ils ne se montrèrent plus que de loin, et la route de Biskra au camp ne fut plus inquiétée par eux. Leur voisinage, cependant, n'en était pas moins dangereux et forçait le général à garder près de lui la cavalerie, dont il aurait désiré détacher une grande partie tant à Bathna qu'à Biskra, pour maintenir la communication entre ces deux points. Cette route, plus que jamais, pouvait être interceptée, depuis que les tribus limitrophes de la route s'étaient déclarées en pleine révolte ; il y avait surtout à redouter les Ouled-Solthan, qui venaient d'assassiner le caïd Si-el-Bey, des Bou-Aoun, homme dévoué et sincèrement attaché à notre domination, qu'ils avaient frappé traîtreusement, au moment où il réunissait les mulets de réquisition destinés à porter des vivres à la colonne expéditionnaire, symptôme convaincant de l'esprit de révolte qui les animait.

(*Planche I.*) Ces faits, déjà fort graves, étant encore exagérés par les rapports que l'on adressait au général et par le dire des Arabes, le jetèrent un moment dans une grande perplexité, qu'il voulut faire cesser en donnant l'ordre au kralifat Si-Mokran d'aller s'établir avec sa smala à El-Outaïa, et de couvrir cette plaine des tentes des Saharis ; c'était le moyen d'occuper tout le pays et d'assurer la route. Mais le kralifat lui répondit : « que les grandes tribus des Saharis et « des Ouled-Déradje étant dans les plus mau« vaises dispositions, il ne pouvait compter sur « elles, et qu'il lui était impossible de remplir « la mission dont on voulait le charger. » Ce point important ne put donc être occupé. Tels étaient nos grands chefs arabes, dont l'influence et l'autorité étaient remplacées par celles de quelques prédicateurs fanatiques.

Le général ne put donc pour le moment obvier à ce grand embarras qu'en donnant les ordres les plus positifs pour que les convois devinssent plus rares et qu'ils partissent de Bathna et de Biskra de manière à pouvoir se rencontrer et à former ainsi une force assez considérable pour intimider les Arabes.

Mais comme il était persuadé que tous ces soulèvements tomberaient avec les murs de Zaatcha, la plus active impulsion fut donnée aux travaux pour en hâter la chute. Pour éviter les dégâts causés par les incendies des 5 et 6 novembre, au lieu de masque, on se servit d'un gabion recouvert d'une peau de bœuf, et on n'employa les fascines qu'après les avoir dépouillées de leurs feuilles, qui, en séchant, étaient un aliment puissant pour le feu. On fut même forcé de les couvrir de peaux de bœufs et de moutons fraîchement tués.

(*Planche III.*) A la sape de droite, on s'avança dans le chemin d'Aïn-Fouar malgré l'opposition de l'ennemi, qui nous força à blinder le cheminement à mesure que l'on gagnait du terrain; puis, après être arrivé à environ dix mètres dans cette direction, on entreprit un débouché vers l'ouest pour essayer, au moyen d'une tranchée, l'investissement de ce côté de la place. Le 13 novembre, à la pointe du jour, une reconnaissance fut faite, et les jardins n°s 15 et 16 ayant été trouvés favorables aux travaux à exécuter, ils furent occupés, le 15 novembre, par trois compagnies d'élite du 43e de ligne. Cette occupation nous rendit maîtres du chemin d'Aïn-Fouar jusqu'au point où se réunissent les sources, et permit de commencer la route, longue et contournée, destinée à faire arriver les pièces de douze dans le jardin n° 16, où devait s'élever la batterie.

Pendant que vers la droite on entreprenait l'investissement de la partie nord-ouest de la place, la même opération se faisait au sud, en débouchant à gauche de la batterie n° 5, dans le but d'établir une parallèle avec laquelle on se proposait d'investir une partie du village. Ce travail, qui se faisait à la sape volante, fut tellement inquiété par les Arabes, que les travailleurs furent obligés de se retirer, et on renonça à cette sape pour avancer à la sape pleine, en ayant soin de se couvrir de chaque côté avec des rondins en troncs de palmier. Le 15 novembre, pendant la nuit, la sape volante ayant été reprise, le cheminement fut conduit sur une longueur de dix-huit mètres jusqu'à l'extrémité du jardin n° 8. Ce travail d'investissement n'avait pas empêché de continuer celui du passage blindé du fossé, qui, le 13 novembre, était arrivé jusqu'au pied du mur de la première maison.

L'artillerie secondait le génie dans tous ses travaux, en les protégeant par son feu, qu'elle dirigea de manière à battre les points culminants, d'où l'ennemi avait le plus de facilité pour inquiéter les travaux d'attaque ; elle arma successivement les batteries 5, 8 et Besse de canons et d'obusiers de 0,15, tant pour opérer de nouvelles démolitions que pour fouiller et bouleverser les décombres. Elle entreprit aussi la construction de la batterie n° 9, qui, devant recevoir des pièces de douze, était principalement destinée à faire brèche au saillant nord-ouest de la place.

La plus grande activité était donc apportée à presser les travaux, qui étaient souvent retardés, non-seulement par les attaques réitérées des Arabes, mais encore par le manque de sacs à terre, que l'on était obligé de remplacer par des caisses à biscuit, des sacs de vivres, et enfin par des rondins de palmiers, qu'il fallait débiter en grande quantité. Les matériaux manquaient souvent, car bien que le bois de palmiers fût en abondance, il n'était pas susceptible d'être employé partout; ces arbres, en outre, ne pouvant être abattus et transportés que de nuit à cause des feux très-rapprochés de l'ennemi, il en résultait de grandes fatigues et de grandes difficultés.

Les défenseurs de Zaatcha, de leur côté, ne restèrent pas inactifs et renouvelèrent leur tentative d'incendie en débutant par un feu très-nourri sur l'extrémité des cheminements; puis, s'éclairant de torches enflammées qu'ils brandissaient dans l'air, ils approchèrent, à l'abri des palmiers, assez près pour essayer d'incendier et de détruire de nouveau la galerie blindée établie sur le fossé de gauche. Cette fois, n'ayant pu réussir, ils employèrent un autre moyen de destruction, en dirigeant les eaux d'irrigation de l'oasis sur le terrain de la sape parallèle au fossé. En un instant, cette sape fut entièrement inondée, ainsi que le terrain environnant les batteries Besse et n° 8. La sape fut abandonnée ; on se mit à arrêter l'eau qui se répandait dans les jardins et on creusa un écoulement pour la rejeter dans le jardin n° 16.

La prise de possession des jardins 15 et 16, qu'il fallut défiler au moyen de traverses, l'attaque de notre gauche et les efforts des Arabes pour s'opposer à l'écoulement des eaux, nous firent éprouver une perte de trois tués et seize blessés.

Ces vides causés par le feu de l'ennemi étaient augmentés par les victimes du choléra qui, apporté le 8 novembre par la colonne venue d'Aumale, s'était rapidement étendu sur tous les corps. Cruelle position, que d'être campé au milieu des sables, éloigné de toutes ressources, ayant ses derrières insurgés, ses communications menacées, et assailli en même temps par un fléau terrible, sans avoir les moyens de pouvoir apporter le moindre soulagement, la moindre consolation aux malheureux cholériques; ceux-ci, souvent atteints dans leur service, étaient portés au plus vite à l'ambulance, et de là, s'ils ne succombaient pas, transportés le plus promptement possible à Biskra, où ce même fléau frappait impitoyablement les habitants de cette oasis. Cependant cette petite colonne, où rien ne pouvait être caché, supporta cette épreuve terrible avec la plus grande résignation; et, dans cette circonstance difficile, M. Malapert, chirurgien-major de 1re classe, chef du service de santé de la colonne expéditionnaire, ainsi que M. Doquin, chirurgien en chef de l'hôpital de Biskra, furent admirables par les soins qu'ils prodiguèrent aux malades.

Ce fut au plus fort de cette crise cholérique, le 15 novembre, que le lieutenant-colonel de Lourmel, venant de Constantine, arriva avec deux pièces de douze, un bataillon du 51e de ligne et le 8e bataillon de chasseurs à pied. Ce renfort porta l'effectif à 8,075 hommes, dont 7,149 disponibles et 926 hommes malades tant à l'ambulance que sous les tentes.

Cette augmentation de troupes et l'arrivée

de plusieurs colonels d'infanterie facilitèrent la formation de la colonne en trois petites brigades. La première fut mise sous les ordres du colonel de Barral; la deuxième fut donnée au colonel Canrobert, et la troisième au colonel Dumontet; la cavalerie resta sous les ordres du colonel de Mirbeck; l'artillerie sous ceux du lieutenant-colonel Pariset, et le génie sous la direction du commandant Le Brettevillois.

CHAPITRE X.

Campement des nomades. — Les chefs des nomades envoient une députation à Hamed-Bel-Hadje. — Razzia faite sur les fractions de tribus nomades campées à Ourlal. — Une nombreuse députation envoyée pour demander l'aman. — Les nomades se rendent à leur campement d'hiver. — Sortie des défenseurs de Zaatcha contre nos positions de gauche. — Les Arabes attaquent un convoi venant de Bathna. — Belle conduite du capitaine Bataille. — Renfort de troupes envoyé à Biskra. — On modifie l'investissement projeté de la place. — Nouveau projet d'attaque adopté. — Bouchagroun entièrement abandonné. — Ce village visité par les officiers de la colonne.

(*Planche I.*) Après leur défaite à Sidi-Merazzi, le 12 novembre, les nomades ne s'étaient pas éloignés, et plusieurs fractions de leurs grandes tribus étaient venues dresser leurs tentes sur les bords de l'Oued-Djeddi, près de Ben-Thiouss, dans l'espace compris entre Ourlal et Mellili, où, appuyées à ces trois oasis, elles se croyaient à l'abri de toute surprise.

Ainsi réunis en grand nombre, les chefs nomades avaient envoyé une députation de trente cavaliers à Hamed-Bel-Hadje, qui s'était rapproché de Sidi-Okba, où il avait des partisans. Ils l'engageaient à se rendre au milieu d'eux; mais l'ex-kralifat d'Abd-el-Kader crut prudent de ne pas accepter cette proposition, et préféra se mettre en relation avec Sidi-Abd-el-Afid et Sidi-Saddak, marabouts habitant l'Auress, espérant les engager à se porter une seconde fois sur Biskra.

Ce projet, s'il eût été mis à exécution, aurait jeté indubitablement le plus grand désordre dans les oasis du Zab-Chergui et aurait forcé d'envoyer des troupes à Biskra. Heureusement, le marabout Sidi-Abd-el-Afid, homme des plus pacifiques, se rappelant son équipée de Sériana, où il avait marché malgré lui, ne bougea pas. L'ex-kralifat s'en tint alors à attendre la suite des événements pour agir selon l'occurrence.

Ces dispositions toujours hostiles de la part des nomades, leur campement à Ourlal, d'où ils pouvaient d'un moment à l'autre inquiéter de

nouveau nos communications avec Biskra, et leur voisinage de Zaatcha, qui leur permettait d'envoyer impunément des contingents à Bouzian, décidèrent le général à frapper un grand coup sur ces tribus, et les forcer à prendre leur campement d'hiver. A cet effet, il fit prévenir les chefs de corps, le 15 novembre au soir, que le lendemain 16, à deux heures du matin, il partirait du camp avec deux colonnes (1), qui seraient sous les ordres des colonels de Barral et Canrobert, la cavalerie sous ceux du colonel de Mirbeck ; quant aux goums de Sétif, de Biskra et d'Aumale, ils devaient être répartis entre les deux colonnes. Le colonel Dumontet prenait le commandement du camp.

Parti à deux heures du matin, le général arriva à la pointe du jour près de l'oasis d'Ourlal, où on aperçut une ville de tentes appuyée aux oasis, des douars sans nombre s'étendant de tous côtés au loin, et de nombreux troupeaux de chameaux, de moutons, couvrant la plaine.

---

(1) Elles étaient pourvues chacune de deux pièces de montagne.

Au premier bruit, tous les hommes sortirent des tentes, les cavaliers montèrent à cheval et se portèrent en avant. Les femmes, les enfants, les vieillards, entendant quelques coups de fusil, et voyant une masse mouvante se diriger de leur côté, se sauvèrent précipitamment vers les oasis. La cavalerie, qui arrivait dans ce moment de terreur, fut lancée par le colonel de Mirbeck ; les chasseurs des 1er et 3e régiments d'Afrique chargèrent avec la plus grande vigueur les cavaliers nomades qui arrivaient de toutes parts. Pendant ce mouvement, les spahis des 1er et 3e régiments tournèrent plus à gauche, en faisant un circuit, pour couper la retraite aux fuyards. Le général fit exécuter en même temps un mouvement de tête de colonne à gauche à l'infanterie du colonel de Barral, et, lui-même, à la tête de son escorte, se lança au milieu des tentes. En un instant, tous les fantassins arabes, dispersés ou groupés au milieu de cet amas de tentes, prirent la fuite en jetant leurs armes et tout ce qui pouvait les gêner dans leur course : les tentes furent renversées, bouleversées, déchirées, brûlées même, et tous ceux qui n'avaient pu fuir trouvèrent la mort sous les télis et les tapis où ils s'étaient réfugiés.

Le colonel Canrobert, qui commandait l'ar-

rière-garde, apercevant ce qui se passait, tourna aussi à gauche, et, longeant les murs d'Ourlal, en débusqua les Arabes, et appuya le mouvement offensif. L'artillerie acheva de jeter l'épouvante au milieu de cette population surprise, en dirigeant son tir sur des douars éloignés, et en lançant des obus dans les jardins où s'était sauvée la plus grande partie des fuyards.

Les tirailleurs indigènes et des spahis ayant été envoyés en même temps à la poursuite des troupeaux, réunirent sans difficultés ceux qui avaient été abandonnés, et enlevèrent un grand nombre de chameaux, que les gardiens défendirent vaillamment en cherchant à les sauver. Quant aux goums, avides de pillage, ils se jetèrent avec rapacité sur le butin qui était à leur disposition, et prirent tout ce que les moyens de transport leur permettaient d'emporter.

Cette prise d'un des campements des nomades produisit un grand effet sur leur moral ; ils ne purent voir sans effroi leurs femmes foulées aux pieds des chevaux, se relevant mutilées, et cherchant à atteindre les murs des oasis où elles espéraient s'abriter, ni les cadavres de leurs frères, presque tous tués à coups de baïonnette.

Spectacle de terreur et de destruction qui, paralysant la résistance, fit succéder, comme par enchantement, le calme à la tempête. Ne voyant plus d'ennemis à combattre, à moins d'aller les chercher dans le labyrinthe des oasis, où le général ne crut ni prudent ni nécessaire d'engager les troupes, et persuadé d'ailleurs que le châtiment qui venait de leur être infligé suffirait pour les dégoûter désormais de toute participation à la révolte des défenseurs de Zaatcha, il fit sonner le ralliement : les colonnes se reformèrent alors sans être inquiétées, et vinrent se réunir près de l'Oued-Djeddi, où elles se reposèrent en pleine sécurité.

Le général était à peine descendu de cheval, lorsque les grands des deux fractions les plus importantes des nomades, les Ahl-Ben-Ali et les Chourfa, se présentèrent au nom de toutes leurs tribus pour demander l'aman. Après les avoir écoutés et leur avoir reproché leur mauvaise foi, ainsi que leur peu de reconnaissance pour le bien-être dont ils jouissaient depuis que nous occupions le pays, il ne leur accorda l'aman qu'ils sollicitaient, qu'à la condition que tous les nomades partiraient immédiatement pour leur campement d'hiver,

qu'ils paieraient une forte amende, et qu'ils enverraient de suite des otages à Biskra, où ils y resteraient jusqu'au paiement complet de la somme, dont la répartition serait faite selon la force et la richesse des tribus.

Quelques jours après, les nomades partirent pour leur campement habituel; les otages pris dans les grandes familles se rendirent à Biskra; les amendes furent payées aux époques fixées; et, comme ils avaient demandé à racheter deux mille chameaux qu'on leur avait pris, ceux-ci furent rendus moyennant une somme qui fut déterminée par une commission nommée à cet effet. Les moutons, qui avaient été enlevés au nombre de quinze mille, furent remis à l'administration et distribués à la troupe.

Telle fut l'issue de la défection des nomades, dont l'arrivée dans le Sahara avait surexcité toutes les passions haineuses et encouragé les rebelles. Arrogants et perfides, ils nous avaient attaqués à l'improviste; ils en furent cruellement châtiés, et le coup qui leur fut porté jeta le deuil dans un grand nombre de familles (1). De notre

(1) 120 cadavres furent trouvés sur l'emplacement du campement.

côté, nous eûmes six tués et trente-quatre blessés.

La colonne rentra au camp vers quatre heures et demie du soir, avec sa prise de deux mille chameaux et quinze mille moutons, les goums avec un butin considérable.

(*Planche III.*) Le général avait devancé la colonne pour se rendre aux tranchées et visiter les travaux exécutés dans la journée. Il trouva à l'attaque de gauche le commandant du génie et le colonel de tranchée, très-contrariés, et donnant des ordres pour la réparation de dégâts causés par une attaque que l'ennemi avait faite en escaladant sur trois côtés les murs du jardin n° 17. Les assiégés s'étaient jetés en masse sur ce point; ils en avaient chassé les travailleurs qui, en se retirant dans le cheminement en arrière, avaient entraîné avec eux le poste destiné à leur défense. Des armes, des outils et des matériaux abandonnés étaient restés au pouvoir des Arabes, qu'une compagnie du 16e de ligne, arrivée au pas de course, était parvenue à arrêter près de la place d'armes construite sur l'emplacement de la batterie n° 4, et à les refouler. Mais l'ennemi, au lieu de se retirer, s'était embusqué dans tous les jardins voisins, et avait fait un feu très-vif sur nos positions de gauche, d'où il n'avait pu être éloigné qu'en jetant des bombes, des obus et un grand nombre de grenades.

Cette sortie nous avait coûté 3 hommes tués, 9 blessés dont 2 officiers, et avait fait voir aux officiers nouvellement arrivés que Zaatcha, défendu par des gens déterminés, offrait des difficultés beaucoup plus grandes qu'ils ne l'avaient pensé d'abord.

Ce même jour, 16 novembre, un convoi considérable de munitions et de vivres, parti de Bathna pour Biskra, avait été vivement attaqué par les Ouled-Solthan et par des fractions d'autres tribus. L'escorte, composée de 400 hommes d'infanterie et de 2 escadrons de cavalerie, était commandée par le capitaine Bataille, de la légion étrangère, dont le sang-froid et le courage furent admirables ; assailli de tous côtés, un peu avant d'arriver à El-Kantara, par environ 1,000 à 1,200 hommes, il sut les arrêter, et laissant toutes les voitures civiles sous la garde d'un fort détachement, il alla lui-même mettre ses mulets de transport en sûreté à El-Kantara ; puis il revint chercher ces voitures lourdement chargées et se fit jour au milieu des Arabes, en profitant d'un moment opportun pour lancer ses deux escadrons sur les groupes ennemis, qui, n'ayant pas eu le temps d'éviter cette charge, perdirent une vingtaine des leurs.

Dans cette mêlée, les Arabes ayant vu le sous-lieutenant Carrion, du 3e chasseurs, pris sous son cheval, se jetèrent sur lui pour lui couper la tête; il fut heureusement sauvé par des soldats de la légion étrangère et des spahis, qui l'arrachèrent de leurs mains, ainsi que le corps du maréchal des logis Guignonnet, tué près de cet officier. Au moment de cette lutte, un convoi de malades était arrivé à El-Kantara, venant de Biskra; le capitaine Souville, de la légion étrangère, qui le commandait, se hâta de se porter en avant pour appuyer son collègue. A la vue de ce renfort arrivant inopinément, l'ennemi se dispersa, et les deux convois continuèrent leur route sans être de nouveau inquiétés.

L'attaque de ce convoi, qui ne dut son salut qu'à l'arrivée de celui venant de Biskra, et surtout aux bonnes dispositions prises par le capitaine Bataille, était d'autant plus fâcheuse, que le mouvement insurrectionnel qui s'était manifesté dans quelques parties du cercle de Bathna, ayant pris de l'extension, on pouvait craindre que cette agression ne fût le prélude d'intentions bien arrêtées d'intercepter nos communications; car depuis l'assassinat du caïd Si-el-bey-ben-Krodja, les Ouled-Solthan, gens de montagne, qui avaient toujours été remuants, récalcitrants, s'étaient déclarés en guerre ouverte et avaient attiré dans leur rébellion les Beni-Férah, les Lakdar, les Ouled-Fedhala, les Ouled-Ali-ben-Sabors et les Saharis. Toutes ces tribus avaient envoyé des contingents à l'attaque du convoi. Il fallut donc empêcher, autant que possible, qu'une semblable attaque ne se renouvelât pas ; et comme la razzia faite sur les nomades rendait la cavalerie moins nécessaire, le général envoya 120 chevaux, chasseurs et spahis, à Biskra, plus les 500 hommes du 3e bataillon d'Afrique, afin d'augmenter les forces destinées à maintenir la sécurité des routes.

Cet envoi de troupes à Biskra et les pertes en hommes que nous avions faites dans les combats des jours précédents, diminuaient sensiblement l'effectif, dans un moment où le génie avait besoin, pour ses travaux, d'un plus grand nombre de travailleurs et d'hommes de garde à mesure que la ligne d'investissement s'étendait. Loin de permettre de satisfaire à ces exigences, la situation journalière des militaires disponibles suivait une progression inverse de l'agrandissement des travaux, et l'on ne pouvait plus compter sur de nouveaux renforts.

En présence de ces obstacles, de ces difficultés croissantes, le général pensa que le projet d'investissement devait être modifié, et que profitant de l'effet produit sur les populations par la défaite des nomades, le moment était arrivé d'en finir avec Zaatcha.

Le moyen qui parut d'abord le plus prompt pour terminer ce siége, fut de donner l'assaut par les deux brèches déjà faites. Mais celui du 20 octobre par ces mêmes brèches avait échoué, et quoiqu'elles fussent plus grandes et plus praticables, la résistance désespérée des défenseurs de ce bordj fit craindre que l'on ne rencontrât encore des difficultés imprévues, qui pourraient amener de grands désastres. Le général crut donc devoir prendre beaucoup de précautions pour assurer le succès, et comme les cheminements avancés sur les faces nord et sud de la place permettaient d'ouvrir en peu de jours de nouvelles brèches, qui faciliteraient incontestablement la prise de vive force de Zaatcha, il s'arrêta à cette idée, comme la plus sage, ayant d'ailleurs assez de vivres et de munitions pour attendre qu'elle fût réalisée.

A partir du 17 novembre, les travaux du génie furent dirigés et poussés de manière à atteindre en quelques jours le but si ardemment désiré. Mais toutes les difficultés n'existaient pas seulement à l'extérieur de Zaatcha, il y avait encore celles qui provenaient de la construction des maisons et que, le 20 octobre, les hommes parvenus au haut des brèches n'avaient pu surmonter. Quelques officiers qui avaient parcouru les oasis, pouvaient s'en rendre compte; quant aux autres, ils n'en avaient aucune idée. Désirant donc que tous les officiers supérieurs surtout, connussent quel était l'intérieur du massif qui offrait tant de résistance, le général les autorisa à profiter des corvées armées qu'il envoyait à Bouchagroun s'approvisionner de bois de chauffage (1), pour aller visiter les maisons, qui ne différaient en rien de celles de Zaatcha.

(1) Bouchagroun avait été entièrement abandonné depuis la razzia sur les nomades.

Cette visite leur fit connaître les causes qui avaient empêché les troupes de pénétrer dans le village faute d'issue, et apprécier combien le bordj, même enlevé, pouvait encore présenter de moyens de défense. Chaque maison était un réduit, sans autre ouverture qu'une porte étroite et fort basse, qui donnait entrée dans un rez-de-chaussée, véritable cave où l'Arabe blotti, avait, sans être vu, la facilité de tirer de bas en haut sur l'assaillant. Le commandant du génie, après avoir examiné le tout avec la plus grande attention, fut convaincu des obstacles que nous avions encore à surmonter. Le colonel Canrobert, qui survint, dit : « Savez-vous, mon général, que ce diable de Zaatcha sera dur à emporter ? »

CHAPITRE XI.

Continuation des travaux du siége. — Construction de la batterie n° 11. — Effets produits par l'explosion de deux fourneaux de mine. — Reconnaissance faite à l'attaque de droite. — Travaux de cheminement. — Comblement du fossé. — Explosion de nouveaux fourneaux de mine. — Leurs effets. — Ravages causés par le tir de l'artillerie. — Une députation des défenseurs de Zaatcha arrive au camp. — Leur départ. — Les Arabes font une sortie sur notre extrême droite. — Attaque de la batterie n° 12. — Les Arabes se répandent sur le prolongement de nos lignes de droite. — Ils sont repoussés. — Préparatifs pour l'assaut. — Reconnaissance de l'état des brèches. — Dispositions pour l'attaque. — Formation de trois colonnes. — Dernières instructions données.

(*Planche III.*) Les travaux des deux attaques continuèrent à marcher simultanément. A celle de gauche, on construisit, dans le jardin n° 17, une deuxième batterie de brèche portant le n° 11, destinée à battre les maisons de l'extrémité sud du village. Le cheminement que l'on dut diriger vers la place pour arriver à l'établissement de cette nouvelle batterie, fut vivement inquiété par le feu des assiégés ; ce qui nécessita, pour couvrir la tête de sape, la construction d'un gros gabion en bois rempli de peaux de bœufs et de moutons. A la même attaque, il y avait encore une tour qui restait debout, et à laquelle aboutissait la galerie blindée, établie sur le passage du fossé. Deux fourneaux de mine ayant été placés sous cette tour, on y mit le feu, et les décombres qui résultèrent de l'éboulement formèrent un talus facile à franchir par la colonne d'assaut. Les Arabes, au bruit de l'explosion, jetèrent de grands cris et arrivèrent précipitamment sur la brèche, ayant à leur tête un cheik couvert d'un burnous rouge; ils furent reçus par le feu de nos tirailleurs; le cheik tomba frappé par une balle, et tous disparurent.

L'attaque de droite, quoique la moins avancée, était d'une très-grande importance, comme étant la plus rapprochée du pont et de l'entrée de Zaatcha, qui étaient situés sur la face ouest. Il fut donc jugé nécessaire de pousser le cheminement jusqu'à l'extrémité de la face nord, afin d'apercevoir celle de l'ouest. A cet effet, le capitaine Schemmagel, du génie, accompagné de trente zouaves, s'embusqua derrière les jardins, et, à minuit, il fit la reconnaissance du terrain à parcourir pour arriver au bord de la partie nord-ouest du fossé, où on ouvrait une troisième brèche. Le tracé ayant été déterminé, des troncs de palmiers, préparés d'avance, furent immédiatement passés à une brigade de sapeurs, qui les employa à la construction des parapets, auxquels on fut obligé de donner plus de deux mètres de hauteur, afin de se couvrir des feux des maisons et des jardins voisins, où l'ennemi se tenait caché. Au point du jour, on alla mesurer le fossé, dont la largeur, au fond, fut trouvée être de cinq mètres, et de neuf mètres à la partie supérieure : il avait deux mètres de profondeur, et la hauteur de l'eau n'était que de un mètre vingt centimètres. On transporta, pendant le jour, les pierres nécessaires pour combler cette partie du fossé; elles étaient prises auprès du camp et apportées par des prolonges jusqu'à l'entrée du cheminement; puis, de là, passant de mains en mains, elles arrivaient en face de la brèche, d'où on les jetait dans l'eau par-dessus le gabion farci.

On établit à la tête du cheminement une

grande place d'armes pour y loger les troupes destinées à protéger les travaux; elle servit en même temps de dépôt aux matériaux apportés sur ce point, et elle fut utilisée, en outre, pour la construction d'une petite batterie de pièces de montagne, n° 10, dont le tir devait battre d'écharpe la quatrième face du village encore intacte. Ce fut de cette place d'armes que l'on déboucha pour arriver à la contrescarpe; puis on pratiqua une petite rampe en galerie sous le gabion de tête, pour faciliter l'établissement du passage du fossé.

Aussitôt que la descente du fossé fut terminée, les sapeurs du génie le franchirent quoique ayant encore quatre-vingt-dix centimètres de hauteur d'eau, et allèrent établir un fourneau de mine dans le talus d'escarpe, pour faire sauter le mur du chemin de ronde qui régnait sur cette face. Afin de faciliter cette opération, on dirigea une vive fusillade sur l'ennemi, et on lança des grenades dans le chemin de ronde pour l'en éloigner. Les sapeurs, après avoir fait le logement des sacs de poudre, y mirent le feu. Le résultat de l'explosion fut considérable : le mur du chemin de ronde fut enlevé sur presque toute la largeur de la brèche; le talus d'escarpe, que les projectiles ne pouvaient atteindre, s'éboula et livra une rampe praticable pour arriver aux maisons démolies par l'artillerie.

Après l'explosion de ce fourneau de mine, on continua le comblement du fossé, et on entreprit un nouveau débouché sur la droite de la batterie n° 10, pour en établir une nouvelle (1), destinée aussi à battre la quatrième face, mais moins obliquement que la précédente. On s'avança ainsi jusqu'au mur de clôture du jardin n° 19, près d'un petit chemin dans lequel on s'établit, et que les défenseurs de Zaatcha, qui avaient reçu dans la soirée du 21 novembre plusieurs renforts, cherchèrent inutilement à reprendre; ils nous blessèrent sept hommes.

Le 23 novembre, le génie acheva de combler le fossé en face de la brèche, et, pour faire disparaître des pans de murs qui, en obstruant le passage, auraient pu gêner la marche des colonnes d'assaut, les sapeurs y allèrent établir quatre fourneaux de mine, dont l'explosion fit sauter une partie des ressauts qui existaient, et acheva

(1) Batterie n° 12.

de renverser tous les débris de planches et de poutres enchevêtrées les unes dans les autres.

L'artillerie, tout en protégeant les travaux du génie et en employant successivement des pièces de différents calibres pour fouiller les décombres afin d'empêcher les Arabes de s'y cacher, avait terminé et armé de pièces de 12 la batterie n° 9, dont le terre-plein fut élevé de 1 mètre 80 centimètres au-dessus du sol. Son feu, qui commença le 19 novembre, produisit immédiatement le plus grand effet en ouvrant la troisième brèche. Les gens de Lichana, Tolga, Farfar, Bouchagroun et même de Zaatcha, qui se trouvaient dans le village, en furent tellement effrayés, qu'ils envoyèrent plusieurs des leurs au camp pour entamer des pourparlers et demander que le feu cessât. Cette députation se présenta au général, qui, se fiant peu à sa démarche, exigea que des otages, pris parmi les premières familles, lui fussent envoyés, et il désigna entre autres le fils de Bouzian. La députation se retira et ne reparut plus.

Le tir des batteries n°s 10, 11 et 12 avait eu de grands résultats, surtout celle n° 9, des pièces de douze. Une partie du village n'était plus que ruines. Une nouvelle brèche avait été ouverte, les autres élargies, et le génie, en employant les fourneaux de mine, avait fait disparaître les obstacles qui les encombraient et les avaient rendues praticables. Le passage du fossé était aussi entièrement terminé. Il n'y avait donc, pour ne pas rester au dépourvu, qu'à se procurer des sacs à terre, dans la prévision que l'on pouvait en avoir besoin pour le couronnement des brèches et les autres travaux ultérieurs. Le seul moyen de s'en approvisionner étant d'enlever ceux des tranchées en arrière, et de les remplacer par des rondins de palmiers, on se mit immédiatement à l'œuvre, et, le 24 novembre, ce travail était en cours d'exécution, lorsque, vers onze heures du matin, pendant que l'on relevait les gardes, les assiégés, saisissant la préoccupation du moment, firent sur les lignes de l'attaque de droite une sortie audacieuse, qu'ils avaient habilement préméditée.

(*Planche III.*) En effet, pour pénétrer dans nos lignes, ils avaient jugé que le moyen le plus sûr de réussir était de diriger une attaque sur notre extrême droite, et de s'emparer du chemin étroit qui longeait le mur du jardin n° 19, pensant qu'une fois parvenus dans cette ruelle, ils pourraient détruire les batteries n°s 12 et 10, et nous prendre à revers, en se glissant inaperçus dans les jardins que nous n'avions pu occuper.

On avait construit à ce débouché, qui n'était qu'à 60 mètres du pont, un petit retranchement en bois de palmiers, lequel avait pour but de défiler le parcours du chemin, ainsi que le poste que l'on y avait établi et qui venait d'être relevé ; quand tout à coup, sans aucun indice d'attaque, les Arabes, en arrivant en masse, se précipitèrent sur ce retranchement, le firent crouler, enlevèrent le factionnaire qui était placé derrière, lui coupèrent la tête et les poignets; puis, cet obstacle franchi, ils ouvrirent un feu très-vif sur la garde, qui, surprise par ce choc imprévu, au moment qu'elle s'établissait dans la place d'armes, se retira dans les tranchées. Les assaillants se répandirent alors dans les enclos ; un groupe nombreux, escaladant les murs du jardin n° 19, parvint jusqu'au pied du parapet de la batterie n° 12, plusieurs même d'entre eux y pénétrèrent et s'y firent tuer. Le lieutenant d'artillerie Guérin et le maréchal des logis Lombard, qui, dans ce moment difficile, firent preuve de grande bravoure, tombèrent grièvement blessés.

Les canonniers, dans cette attaque subite, ne pouvant faire usage de leurs pièces, firent tous leurs efforts pour se défendre contre l'escalade; assaillis de tous côtés, ils auraient infailliblement succombé, si le feu des obusiers de montagne de la batterie n° 10, chargés à balles, ne les eût débarrassés de ces bandes fanatiques. Le général était à l'extrémité des attaques de gauche; il se porta immédiatement à celle de droite, où il ordonna de suite au piquet de réserve et à la compagnie de garde, qui s'était réfugiée dans la tranchée, de se porter en avant. Ce mouvement offensif ayant été vigoureusement exécuté, les Arabes furent refoulés et franchirent lestement les murs du jardin n° 19. De là, ils se répandirent sur tout le développement de notre ligne de droite, en profitant du fourré épais des jardins, pour en approcher de très-près.

Le bataillon des tirailleurs indigènes et trois compagnies du 8e bataillon de chasseurs, que le général avait envoyé chercher au camp, étant arrivés sous les ordres du commandant Bourbaki, cet officier supérieur divisa sa troupe, tourna la position des Arabes, et, après les avoir repoussés, les avoir débusqués de tous les points qu'ils occupaient, il les poursuivit de jardin en jardin jusqu'à la hauteur de la porte de Zaatcha, où ils firent encore quelque résistance. Enfin, cédant à la force, ils se retirèrent, et le feu ayant cessé de part et d'autre, les chasseurs et les tirailleurs indigènes rentrèrent au camp.

Dans le premier moment qui suivit l'attaque soudaine que les Arabes venaient de faire sur nos lignes, l'impatience saisit les officiers et la troupe, et persuadés que le découragement qui devait régner parmi les assiégés faciliterait la prise de la place, ils demandèrent à y pénétrer ; l'heure était trop avancée pour que le général pût céder à leur désir ; la nuit nous aurait surpris et le désordre en serait résulté ; il calma par quelques paroles l'ardeur de tous ; toutefois, il donna des ordres pour que les préparatifs fussent faits, l'assaut ne devant pas être différé au delà du 26 novembre.

Cette affaire, où les Arabes firent preuve d'un grand élan et d'un acharnement extraordinaire, nous coûta 11 tués, dont 1 officier, et 42 blessés, y compris 2 officiers, en tout 53 hommes hors de combat. La perte des Arabes nous fut cachée; ils laissèrent seulement quelques morts sur le terrain : elle dut être considérable; car le grand calme qui régna pendant la nuit dans Zaatcha, d'où il ne partit pas un coup de fusil, attesta l'inhumation des morts et l'évacuation des blessés, qui, comme par le passé, après chaque combat, devaient être remplacés par de nouveaux venus.

L'assaut ayant été fixé pour le 26 novembre, le général, avant de clore son ordre d'attaque, voulut s'assurer de l'état des brèches et prendre lui-même une connaissance exacte des différents points qui pourraient offrir des difficultés. Il était, à cet effet, dans le dernier jardin de l'extrémité de l'attaque de droite, accompagné de son chef d'état-major, le colonel de Brétizel, de son aide de camp et de son officier d'ordonnance. Il se faisait rendre compte par un Arabe du pays de l'emplacement des maisons de Bouzian et du cheik Bou-Azouz. Ces deux maisons avaient des murs très-épais et l'aspect de réduits fortifiés. Il allait se retirer, lorsque le colonel Canrobert arriva suivi de plusieurs officiers, et lui demanda quelques renseignements sur ces deux maisons restées intactes et dont on n'apercevait qu'une partie. Le général lui dit : « que ce serait là où se « réfugieraient les plus exaltés, et, par consé- « quent, la position la plus difficile à emporter. » Le colonel le pria, si toutefois il n'avait encore rien décidé, de lui donner le commandement des troupes désignées pour monter à l'assaut de ce côté.

Après la reconnaissance des différents points d'attaque, le général rentra au camp, où il trouva les troupes pleines d'ardeur, et comme les préparatifs pour l'assaut avaient été faits et que les précautions étaient prises pour en assurer, autant que possible, le succès, il arrêta ses dispositions.

L'assaut devant avoir lieu par trois brèches, trois colonnes d'attaque furent formées ; elles se composèrent chacune de 7 à 800 hommes et d'un détachement du génie fort de 30 à 40 sapeurs, divisé en deux sections : l'une des sections avait pour mission d'aplanir les obstacles qui s'opposeraient à la marche des troupes ; et l'autre, aidée par les travailleurs d'infanterie, devait établir un logement au sommet de chaque brèche, si la résistance de la place était trop opiniâtre. Des officiers du génie furent attachés à chacune des colonnes, dont le commandement fut donné aux colonels de Barral et Canrobert, et au lieutenant-colonel de Lourmel (1).

Le commandant Bourbaki, ayant sous ses ordres le bataillon indigène, fut chargé de l'investissement provisoire de la place; il devait se masser à la Zaouïa et en partir au signal qui lui serait donné.

Le colonel de Mirbeck, prenant le commandement du camp, avait l'ordre de n'y laisser entrer et de n'en laisser sortir aucun Arabe, d'envoyer de forts détachements de cavalerie pour surveiller les oasis, et, dans le cas où il serait forcé de marcher de sa personne, il devait remettre ses fonctions au colonel Jolivet, du 16e de ligne.

Deux dépôts furent établis dans la tranchée pour les blessés, dont le transport au camp fut assuré par les soins de sous-intendant Bazire.

Les ordres ayant été communiqués à tous les corps, le général donna ses dernières instruc-

---

(1) Cet officier supérieur fut désigné, le colonel Dumontet étant de tranchée.

tions aux colonels qui devaient conduire les colonnes d'assaut, en leur prescrivant de les diriger sur les maisons de Bouzian et de Bou-Azouz, où elles feraient leur jonction. Chacun se retira ensuite dans sa tente avec grande confiance et l'espoir de voir le lendemain tomber Zaatcha, orgueil du Zab-Dahari et centre de tous les mouvements insurrectionnels.

CHAPITRE XII.

Mouvements exécutés pour l'assaut. — Des groupes d'Arabes quittent Zaatcha. — Investissement. — Signal donné pour l'assaut. — Colonel Canrobert. — Colonel de Barral. — Le lieutenant-colonel de Lourmel. — Les Arabes se réfugient dans les maisons. — Siége de chacune d'elles. — Emploi des sacs de poudre. — Destruction des maisons. — Siége de la maison de Bouzian. — Défense opiniâtre des Arabes qui y sont enfermés. — Brèche faite à la maison. — Les zouaves s'y précipitent. — Les défenseurs passés au fil de l'épée. — Mort de Bouzian. — Attaque des gens de Lichana. — Destruction entière de Zaatcha. — Perte de l'ennemi. — La tête du fils de Bouzian est apportée au général. — Les grands des oasis voisines font leur soumission. — Nos pertes. — Départ de la colonne. — Arrivée à Biskra.

(*Planche III.*) Le 26 novembre, avant que le jour parût, les officiers du génie disposèrent les têtes de sape pour le passage des troupes, en remplaçant par des caisses à biscuit vides, faciles à renverser, les masques, et, à sept heures et demie du matin, les trois colonnes furent rendues dans les tranchées et les places d'armes où elles avaient ordre de se réunir.

Au point du jour, l'artillerie avait ouvert un feu très-vif sur les brèches, et le commandant Bourbaki s'était porté vers la face ouest du village, pour prendre position dans les jardins entre les extrémités de droite et de gauche des deux attaques. Ce mouvement, ainsi que celui opéré dans le camp, ayant été remarqué des assiégés, ils ne purent douter d'une attaque sérieuse; aussi, plusieurs groupes sortirent de Zaatcha, les uns pour s'en éloigner au plus vite, les autres pour aller chercher des renforts à Lichana et à Tolga, où ils ne purent parvenir, étant tombés au milieu des tirailleurs indigènes; ils furent tués.

Le général s'était placé au cavalier de tranchée, près de la batterie Besse, au centre des attaques, où il attendait que l'investissement fût achevé pour donner le signal de l'assaut. A huit heures du matin, trois notes de clairon vivement répétées lui étant parvenues, il fit sonner la charge. Aussitôt les sapeurs du génie dégagent les passages du fossé, et les trois colonnes, précédées par leurs chefs, s'élancent avec le plus grand enthousiasme sur les brèches au bruit de tous les tambours et clairons de la colonne expéditionnaire.

A droite, le colonel Canrobert gravit audacieusement les pentes de la brèche. Quatre officiers et quinze zouaves de bonne volonté l'accompagnent en tête de la colonne ; foudroyés par un feu violent, deux officiers et treize hommes sont tués ; ceux qui restent debout sont touchés ; les zouaves qui marchent sur leurs traces se portent en avant, et, gagnant les terrasses, culbutent et tuent les Arabes qui s'y trouvent. Bientôt après, le drapeau français flotte sur un des points les plus élevés de Zaatcha.

Le colonel de Barral, au centre, après avoir rencontré quelques obstacles, pénètre dans les rues, d'où il refoule les Arabes qui se sauvent cherchant un abri.

A la gauche, le lieutenant-colonel de Lourmel, ayant son kepy au bout de son épée, précède ses troupes, qui, animées par son exemple, franchissent à la course les premiers obstacles, et poursuivent de terrasse en terrasse les assiégés, qui, ne pouvant résister à une telle impétuosité, cherchent, par une fuite précipitée, à se soustraire aux coups de nos baïonnettes. De Lourmel, les suivant de près et s'élançant dans la rue, se trouve suspendu un instant à une poutre, à quatre mètres au-dessus du sol; là, il est blessé par une balle tirée presque à bout portant; mais, s'étant dégagé, il parvient à descendre, continue sa course, et, peu après, il rallie les deux autres colonnes à la maison de Bouzian.

A neuf heures, les rues, les places et les terrasses sont occupées par la troupe; et les défenseurs, poursuivis à la baïonnette, débusqués des décombres, se réfugient dans les maisons d'où ils font un feu meurtrier sur les assaillants. Pour les en déloger, il faut faire le siége de chacune d'elles. Les sapeurs du génie essaient de percer avec la pioche le mur épais et solide du rez-de-chaussée, afin de pouvoir y pénétrer; mais, à peine un trou est-il fait que des canons de fusil en sortent et tuent ceux qui sont en face. Les obusiers, que l'on ne peut transporter partout, n'ont point une action assez rapide; d'ailleurs, les canonniers sont mis immédiatement hors de combat.

Il est donc difficile de chasser les Arabes de leur retraite, surtout du rez-de-chaussée, salle vaste et sombre, n'ayant d'entrée qu'une porte fort étroite et basse; encore est-elle en partie murée. Cependant il faut en finir avec un ennemi aussi opiniâtre. C'est alors que l'on sent vivement l'utilité des sacs de poudre, que les sapeurs avaient déposés tout préparés à côté des brèches. En un instant, ils sont apportés et mis en œuvre. On n'entend alors que des détonations de mine ; on ne voit de tous côtés que des maisons qui sautent ou s'écroulent et ensevelissent les malheureux qui s'y étaient retirés.

Enfin, il n'y a plus qu'une seule maison, celle de Bouzian, qui reste debout sur l'emplacement de Zaatcha. Cette demeure du chef de l'insurrection est solidement construite; ce dernier est entouré de sa famille et des fanatiques les plus exaltés qui font un feu nourri sur tous ceux qu'ils aperçoivent. Les zouaves, sous les ordres du commandant Lavarande, s'élancent pour pénétrer dans ce repaire si opiniâtrément défendu ; trente des leurs tombent sous les balles de cet ennemi invisible, ainsi que les servants d'un obusier de montagne que l'on met en batterie. Le général, témoin de cette résistance, ordonne de placer des sacs de poudre contre-buttés par des sacs à terre: deux fois les sapeurs du génie, bravant tout danger, exécutent cet ordre; les deux premières explosions ne produisent aucun effet, et ce n'est qu'à la troisième qu'un pan de mur, en s'écroulant, fait une large brèche.

Les zouaves, qui trépignent d'impatience, n'attendent pas que l'éboulement soit complet; ils se précipitent avec élan au milieu du nuage de poussière causé par l'explosion; reçus par un feu à bout portant, dix de ces braves paient de leur vie cette attaque vigoureuse; ceux qui les suivent, plus ardents que jamais, passent par-dessus les corps de leurs camarades, franchissent le peu d'espace qui les sépare de l'ennemi, et se heurtent dans l'obscurité contre une masse compacte, résolue à vendre chèrement sa vie; quelques coups de fusil sont encore tirés; mais les zouaves, se servant de leurs baïonnettes, ne font aucun quartier, et tous les Arabes retirés dans ce sombre réduit tombent en un instant pour ne plus se relever, à l'exception cependant de Bou-zian, qui profite de l'obscurité et de la connaissance des lieux pour chercher à s'esquiver. Un zouave, nommé Causse, court sur lui, le saisit par le burnous et l'entraîne malgré sa résistance. Pris les armes à la main, ce fanatique subit la conséquence de son rôle; il est passé par les armes.

Pendant cette lutte sanglante, le commandant

Bourbaki avait eu un engagement avec les gens de Lichana qui, au bruit sourd des mines et de celui retentissant du canon, étaient sortis de leur village pour venir au secours de leurs frères de Zaatcha. Mais, arrêtés sur tous les points par les tirailleurs indigènes, ils s'étaient retirés après la perte de quelques-uns des leurs. Quant aux habitants de Farfar et de Tolga, intimidés par les nombreuses patrouilles de la cavalerie et des goums, ils n'avaient pas osé s'éloigner de la lisière de leurs oasis, où ils s'étaient rassemblés.

A midi, Zaatcha n'était plus qu'un monceau de ruines, et cependant, jusqu'à trois heures, des Arabes, cachés dans des trous, blessèrent encore quelques hommes qui traversaient les décombres. Enfin, le plus profond silence finit par régner là, où pendant cinquante et un jours on n'avait entendu, jour et nuit, que le bruit de combats continuels. A cinq heures du soir, les troupes rentrent au camp, et le colonel Dumontet vient, avec le 43e de ligne, s'établir sur les ruines encore fumantes de Zaatcha.

Dans ce siége de maisons, un grand nombre de victimes furent ensevelies sous les décombres; elles leur servirent de tombeaux. On trouva parmi les cadavres le corps de Sidi-Moussa, marabout vagabond, qui était connu par son exaltation et sa persévérance à prêcher la guerre sainte; il était venu de l'ouest avec une soixantaine de fanatiques qui avaient été frappés à côté de leur maître. Ce ne furent pas les seuls étrangers qui succombèrent. Dans la perte de huit cents hommes que les Arabes firent dans cette journée, il n'y eut que trente habitants du village; les autres appartenaient à des contingents de vingt tribus différentes, plus ou moins éloignées; des gens de Tunis, du Maroc, de la Mecque même furent trouvés parmi les morts. Tous ces hommes, pour la plupart vigoureusement constitués, avaient été des défenseurs déterminés. Un vieillard et cinq femmes furent seuls épargnés; le général les renvoya dans leurs familles : ces cinq femmes furent les seules qu'on trouva dans Zaatcha.

Le fils de Bouzian, jeune homme de vingt ans, qui avait été mêlé à toutes les intrigues de son père (1), et qui était auprès de lui au moment de l'assaut, avait disparu. Le général donnait l'ordre

(1) Il avait été envoyé à Alger, et ce n'est qu'à son retour que son père forma le projet de se poser en chériff.

de le chercher partout, lorsque Mohamed Skrir, caïd de Biskra, en lui jetant une tête aux pieds, lui dit : « Général, le louveteau ne deviendra pas loup. » Ce jeune Arabe, en fuyant, était tombé au milieu des goums du cheik El-Arab, qui l'avait fait décapiter. Cependant les habitants des oasis voisines ne pouvaient croire à l'anéantissement de ce bordj, réputé parmi eux imprenable. Ils étaient, en outre, persuadés que Bouzian et son fils s'étaient sauvés à Tolga. Cette conviction, de leur part, pouvant encore prolonger la lutte, le général crut que le moyen le plus infaillible pour la terminer, était d'exposer à la vue de tous les têtes de Bouzian, de son fils et de Sidi-Moussa. Ce qu'il avait prévu, arriva : car, aussitôt qu'elles furent exposées et que le bruit s'en répandit, tous les grands du Zab-Dahari et des oasis voisines s'empressèrent de se rendre au camp, et de fournir des otages, en faisant de grandes démonstrations de regrets de s'être laissés entraîner au point de méconnaître notre autorité.

Cette journée, où les officiers et soldats firent preuve de la plus grande intrépidité, nous a coûté 43 tués, dont 3 officiers, et 195 blessés, y compris 4 officiers, presque toutes blessures fort graves, reçues à bout portant. La plus grande partie de cette perte fut supportée par les zouaves qui, à l'attaque seule de la maison de Bouzian, eurent 40 hommes hors de combat. Le chef de bataillon Lavarande, qui les commandait, fut dans cette occasion, comme dans toutes, admirable d'entrain et de bravoure. Le chef de bataillon de Lorencey, des zouaves, fut blessé. Le commandant Le Bretevillois, du génie, s'est distingué dans ce siége de maisons, par son calme, et son sangfroid au milieu du danger et par la précision de ses ordres.

Le général ne quitta le camp de Condiat-el-Meïda, comme il en avait pris la ferme résolution, qu'après la destruction entière de Zaatcha; il en partit le 28 novembre, suivi d'un convoi de blessés et de malades, au nombre desquels il y avait encore beaucoup de cholériques; il emmenait avec lui les otages du Zab-Dahari, des Ouled-Djellal et de Sidi-Kraled.

A son arrivée à Biskra, le 29 novembre, il y trouva les députations du Zab-Chergui, qui s'étaient empressées de venir demander l'aman, et qui s'en retournèrent très-heureuses de ne payer que des amendes pour leur participation aux hostilités commises. Elles annoncèrent qu'aussitôt la chute de Zaatcha, l'ex-kralifat Hamed-bel-Hadji avait quitté les environs de Sidi-Okba pour retourner à l'Oued-Souf, et qu'une grande partie des gens de l'Auress se disposaient à se présenter pour obtenir le pardon de leur conduite déloyale. Biskra était encore envahi par le choléra ; des tentes y avaient été dressées au milieu de l'oasis, pour mettre les blessés à l'abri des influences cholériques, et, dès le lendemain, le général fit évacuer sur Bathna et sur Constantine tous ceux qui avaient été reconnus susceptibles de supporter les fatigues du voyage, et, le 1er décembre, il quitta cette oasis.

Dans le trajet de Biskra à K'Sour, les grands de presque toutes les tribus du Bélezma et de l'Auress vinrent à sa rencontre se soumettre aux conditions qu'il voudrait leur imposer. Il les renvoya en leur disant qu'une colonne irait s'établir dans leur pays et qu'ils seraient traités selon la conduite qu'ils tiendraient. En arrivant à K'Sour, il reçut encore de nouvelles députations, avec lesquelles il traita selon l'importance des tribus et leur participation à la révolte.

De ce camp, selon les ordres de M. le gouverneur général, le colonel de Barral fut dirigé sur

Bouçada, où il devait s'entendre avec le colonel Daumas, afin de terminer les affaires de cette partie de la subdivision de Sétif, dont il avait le commandement. Il partit avec les troupes qu'il avait amenées à Zaatcha.

La conduite des Ouled-Solthan, qui avaient assassiné le caïd des Bou-Aoun, et celle de leurs voisins, ainsi que des tribus de l'Auress, exigeaient que l'on y envoyât une colonne. Le colonel Canrobert, qui venait de remplacer le colonel Carbuccia dans le commandement de la subdivision de Bathna, se rendit d'abord chez les Ouled-Solthan et de là chez les Ouled-Abdi, dans l'Auress, pour réprimer surtout la révolte de Narah, village situé au milieu de montagnes abruptes.

La colonne expéditionnaire des Ziban étant dissoute par le départ des troupes mises sous les ordres des colonels de Barral et Canrobert, le général se rendit à Constantine, siége de son commandement, où, avant son rappel en France, il eut le bonheur de voir la province entièrement pacifiée et celui plus grand encore de pouvoir distribuer à ses frères d'armes les récompenses qu'il avait demandées pour eux, et qui étaient si bien méritées.

Tel est le récit exact et purement militaire de la chute de Zaatcha et des événements survenus avant et pendant les opérations de ce siége. Pour s'en rendre compte, ainsi qu'on l'a déjà fait remarquer, il faut se reporter en 1849, époque à laquelle la province était dépourvue de troupes (1), au moment même où les Kabyles des montagnes du Zouagha et de Collo, qui n'avaient jamais été bien soumises, pillaient les Azels, menaçaient la route de Philippeville à Constantine et les colonies agricoles, dont l'établissement avait jeté la plus grande inquiétude dans l'esprit des indigènes.

Il faut savoir que les Chaouïas du sud de l'Auress, ainsi que tous ceux qui habitent les autres montagnes limitrophes du Sahara, tels que les Ouled-Solthan, les Ihaïa-ben-Zékri, les Ali-ben-Sabors, etc., étaient récalcitrants, évitaient toutes relations avec nous et n'attendaient qu'une occasion favorable pour faire cause commune et marcher contre un pouvoir qu'ils détestaient. Enfin, cette province de Constantine, réputée si tranquille, n'était alors qu'un

(1) A la fin de 1848, deux régiments avaient été retirés de province de Constantine.

volcan prêt à faire éruption. Aussi, lorsqu'après avoir forcé les Kabyles du nord à une soumission plus solide que par le passé, le général se rendit dans le sud pour réprimer la révolte des oasis du Zab-Dahari, il se trouva entouré de nombreuses populations hostiles.

Quant à la longueur du siége, elle s'explique par la grande difficulté d'exécuter des travaux de tranchée au milieu d'une forêt de palmiers, de jardins couverts de taillis épais et coupés de canaux d'irrigation, avec un personnel du génie insuffisant, dépourvu de matériel, et avec un effectif de troupes très-restreint, qui cependant était obligé de faire face à toutes les exigences du siége et aux attaques du dehors.

Cependant, cette colonne expéditionnaire, malgré le choléra et des combats journaliers, se maintint au milieu de tous ses ennemis; et, grâce à sa bravoure, à son dévouement et à sa persistance à surmonter tous les obstacles, elle parvint à vaincre la plus énergique résistance et à faire tomber Zaatcha, qui, déjà sous les Turcs, était un refuge pour les rebelles et avait résisté aux forces des beys de Constantine.

Quoi qu'il en soit du jugement qui a été porté

sur cette expédition lointaine, il est certain que la destruction de ce bordj a produit un effet terrible sur l'esprit des habitants du Sahara, a consolidé l'autorité française dans tout le sud de la province de Constantine, et a favorisé, sans nul doute, les opérations qui ont eu lieu par la suite à Tugurt et à l'Oued-Souf.

TABLE DES MATIÈRES

CHAPITRE Ier.

CHAPITRE II.

CHAPITRE III.

CHAPITRE IV.

CHAPITRE V.

CHAPITRE VI.

CHAPITRE VII.

CHAPITRE VIII.

CHAPITRE IX.

CHAPITRE X.

CHAPITRE XI.

CHAPITRE XII.

FIN DE LA TABLE DES MATIÈRES.

CERCLE DE BISKRA.

Pl. I.

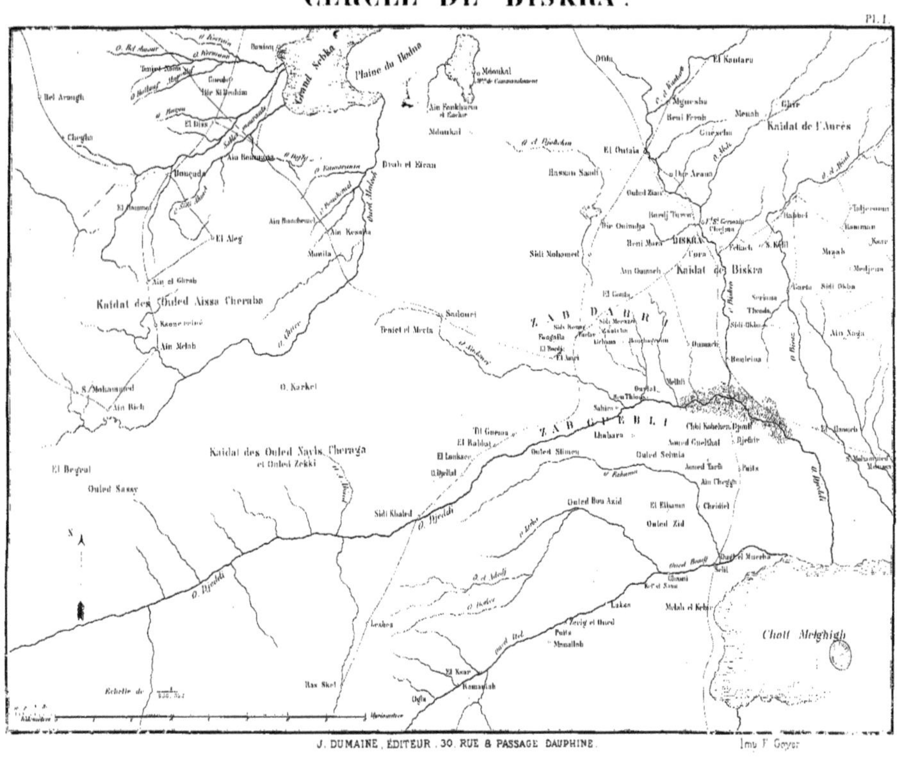

J. DUMAINE, ÉDITEUR. 30. RUE & PASSAGE DAUPHINE.

Imp. F. Goyer

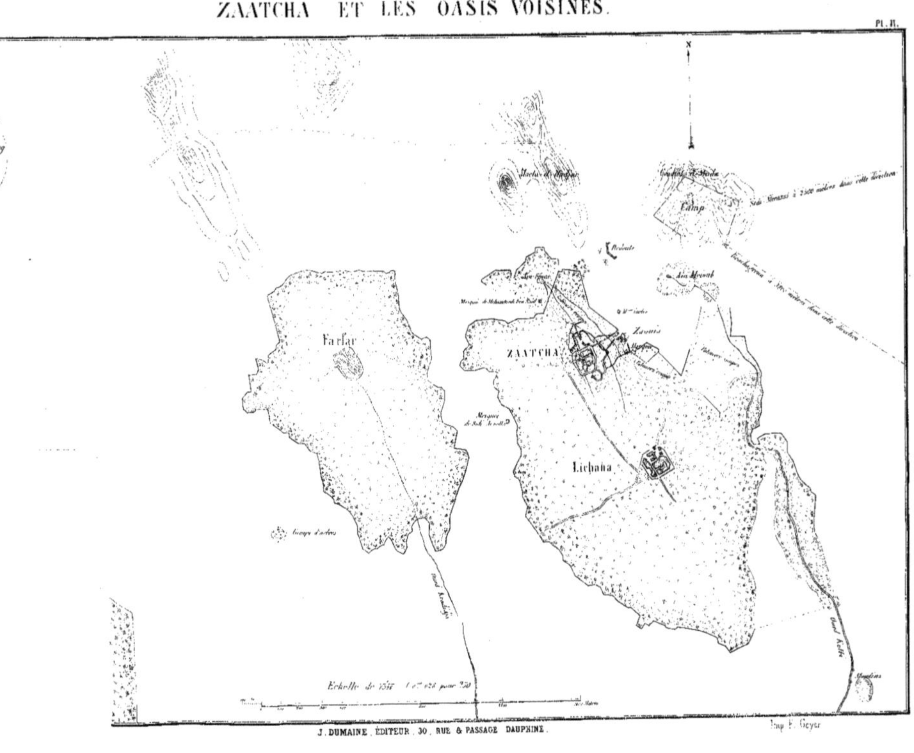
ZAATCHA ET LES OASIS VOISINES.
Pl. II.
N
Camp
Zaouia
ZAATCHA
Lichana
Farfar
J. DUMAINE, ÉDITEUR, 30, RUE & PASSAGE DAUPHINE.

PLAN DES ATTAQUES DE ZAATCHA

du 7 Octobre au 26 Novembre 1849.

Pl. III.

J. DUMAINE ÉDITEUR, 30, RUE & PASSAGE DAUPHINE.

www.ingramcontent.com/pod-product-compliance
Ingram Content Group UK Ltd.
Pitfield, Milton Keynes, MK11 3LW, UK
UKHW022050190726
13855UKWH00002B/458

9 782013 021760